AF310402

Phonographes
PATHÉ

754

COMPAGNIE GÉNÉRALE DE PHONOGRAPHES

CINÉMATOGRAPHES & APPAREILS DE PRÉCISION

Société Anonyme au Capital de 5.000.000 de Francs

MAISONS A

Paris - Londres - Milan - Bruxelles - Amsterdam

Vienne - Moscou

Saint-Pétersbourg - Odessa - Rostoff

SIÈGE SOCIAL : 98, rue de Richelieu, PARIS

Vente en gros : 62, rue de Richelieu, PARIS

Vente au détail : 24 et 26, Boulevard des Italiens, PARIS

Usine à Chatou (S.-et-O.)

TÉLÉPHONE :
247-44 et 247-65

ADRESSE TÉLÉGRAPHIQUE :
Phonograph-Paris

CODE TÉLÉGRAPHIQUE :
A.Z. français

CYLINDRES ENREGISTRÉS

RÉPERTOIRE FRANÇAIS

Novembre 1908

NOMS

PRINCIPALES CÉLÉBRITÉS ARTISTIQUES

qui ont interprété les œuvres

DU

PRÉSENT RÉPERTOIRE

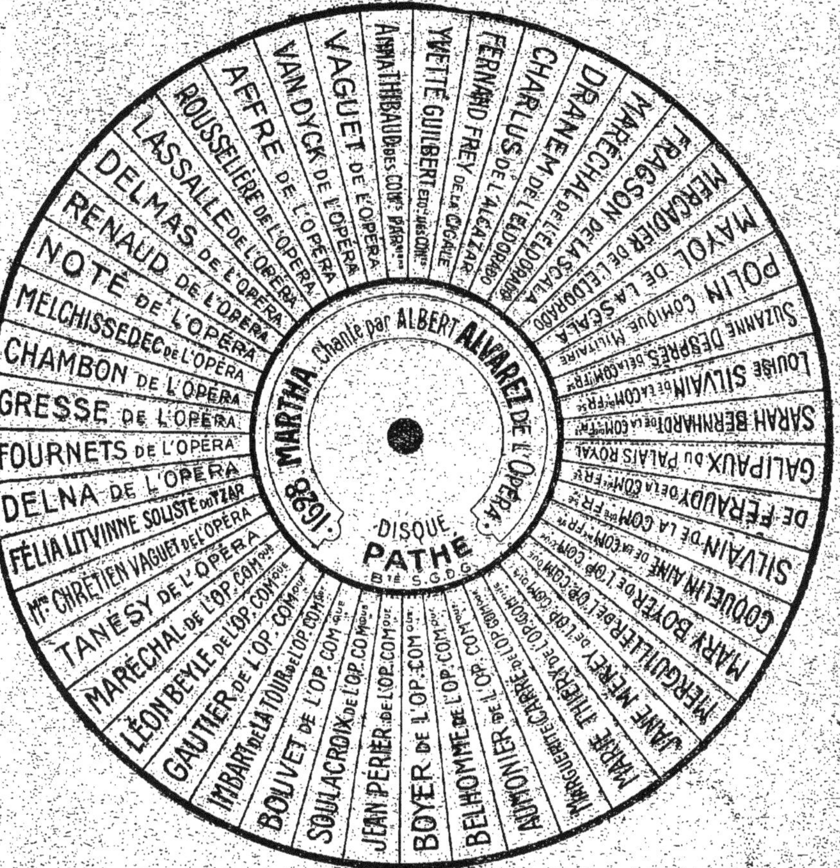

ENVOI FRANÇO SUR DEMANDE

RÉPERTOIRES INDIVIDUELS

DES CÉLÉBRITÉS CI-DESSUS

Conditions Générales de Vente

1º Les commandes doivent être faites par écrit; elles ne sont valables qu'après notre accusé de réception.

Nous nous réservons la faculté d'éliminer celles qui ne nous conviendraient pas.

2º Indiquer dans chaque commande le **numéro** d'ordre de chaque article, ainsi que le **nom** exact.

Pour les cylindres enregistrés, il est indispensable de donner les numéros et la dimension.

3º Les prix indiqués sont pour des **marchandises prises en nos magasins et fabriques, au comptant** et **payables à Paris**, quel que soit le mode de livraison et de recouvrement. (*Nos traites n'opèrent ni novation, ni dérogation à cette clause attributive de juridiction.*) **Toutes contestations seront jugées par les tribunaux de Paris, seuls compétents.**

4º Toute commande pour la France non accompagnée de son montant, plus les frais d'emballage et de port, sera expédiée **contre remboursement, port dû ou facturé.**

Nous n'expédions à l'**Étranger** qu'après avoir reçu le montant en espèces, chèque sur Paris ou mandat-poste. La monnaie étrangère n'est acceptée que pour le prix que nous en obtenons au change.

5º Nous accordons des remises et conditions de faveur aux **commerçants revendeurs** de Phonographes; elles sont indiquées par correspondance, sur demande accompagnée de références sur Paris.

Les clients de France ayant obtenu l'ouverture d'un compte après renseignements d'usage, paient nos factures sur relevé à 30 jours contre nos traites ou acquits. Ceux de l'Étranger devront nous couvrir par chèque sur Paris, dans le mois qui suit l'expédition. Il n'est pas accordé d'escompte en dehors de la remise convenue.

A défaut de règlement dans ces conditions, nous pourrons faire traite à vue payable au cours de Paris à vue.

Nous nous réservons la faculté de limiter notre découvert à une seule facture ou à un chiffre quelconque que nous apprécierons seuls, selon les époques et les circonstances.

6º Les **frais d'emballage,** le **transport** et la **douane,** ainsi que tous les frais et risques de route, sont à la charge du client. Les emballages ne sont pas repris.

Indiquer sur chaque commande le mode d'envoi. A défaut, la Maison fera l'expédition de la façon qui lui paraîtra le plus économique, sans qu'elle veuille assumer **aucune responsabilité** de ce chef, ni admettre aucune réclamation concernant le transport.

Toute commande remise au chemin de fer ou à une Compagnie de transport est **considérée comme livrée au client,** et notre responsabilité cesse à partir de ce moment-là.

7° Nous n'assurons la marchandise que sur la demande expresse du client, renouvelée à chaque commande.

Sauf indication contraire, nous déclarons pour les douanes étrangères la valeur approximative de la marchandise. En aucun cas nous ne pouvons être rendus responsables des conséquences de déclarations insuffisantes en l'absence d'instructions précises données à chaque commande.

8° Nos marchandises sont soigneusement examinées avant l'emballage et remises à la Compagnie de transport en parfait état.

Nous déclinons toute responsabilité pour retard, perte, avaries ou bris, dès que la Compagnie de transport nous aura délivré un récépissé de l'envoi.

Déballer et vérifier le contenu avant d'en donner décharge au livreur, lui faire payer les articles avariés ou refuser l'envoi en cas de contestation, en nous avisant.

9° Les commandes remises à nos **voyageurs ou représentants** ne nous engagent qu'après approbation écrite de notre Direction qui se réserve la faculté de les modifier par correspondance ;

10° Nous mettons toute diligence pour **exécuter les ordres**, mais nous n'assumons aucune responsabilité pour retard si, pour un motif quelconque, la livraison ne peut se faire à la date indiquée.

11° Tant que la commande n'aura pas été annulée, le client sera tenu d'en prendre livraison ; il devra l'accepter si elle est en route au moment où nous recevons contre-ordre. Les articles **commandés spécialement** seront livrés de suite et ne pourront **pas être repris** par la Maison.

12° Toute réclamation, valable, devra nous parvenir **dans la huitaine** de la livraison au plus tard. Les marchandises expédiées ne seront reprises que pour des motifs plausibles et ne doivent nous être retournées qu'après notre consentement écrit.

Les marchandises retournées ne doivent : ni être avariées, ni démontées, ni avoir été employées ou installées, ni être enfin entre les mains du client **depuis plus de huit jours**, sauf conventions spéciales.

NOTA. — Nous nous réservons **expressément** la faculté, **sans en informer préalablement** notre clientèle :

1° De supprimer certains articles figurant dans ce prix-courant ;

2° D'apporter aux modèles décrits les [modifications que] nous jugerons utiles pour un meilleur rendement ;

3° De modifier la forme et le genre de décoration des appareils et de leurs boîtes ;

4° De changer le genre, la forme et la couleur de nos boîtes à cylindres et leur emballage.

Toute commande faite selon notre prix-courant implique acceptation des susdites clauses.

CE CATALOGUE ANNULE LES PRÉCÉDENTS

Cylindres "PATHÉ"

PRIX :

Dimension courante . . . . **1 fr. 25**
Dimension Inter . . . . **2 fr.** »
Dimension Stentor . . . . **5 fr.** »
Dimension Céleste, cylindre d'une durée
       de 5 minutes . . . . . **20 fr.** »

Nota. — Le cylindre "CÉLESTE" ne s'emploie qu'avec l'appareil nº 5 "CÉLESTE".

Les cylindres dont l'échange aura été consenti devront être expédiés à notre adresse,

21, Boulevard de la République, à CHATOU (S.-et-O.)

en nous avisant à Paris, 98, rue de Richelieu.

Les Cylindres moulés " PATHÉ " doivent

être écoutés à la

vitesse de 160 tours à la minute

AVIS

Nous poursuivrons comme CONTREFACTEUR toute personne qui mettra en vente ou se servira de COPIES de nos cylindres MOULÉS. *Nos cylindres moulés portent la marque "PATHÉ".*

Consulter la Table des Matières

CHANT

Opéras

Opéras-Comiques

Africaine (l') (MEYERBEER)

Chanté par :

I.S.	1655	Air de Vasco de Gama.	M.	ALVAREZ (Opéra de Paris)
O.I.S.	3390	Air de Vasco de Gama.	M.	VAGUET (Opéra)
O.I.S.	3482	Air de Vasco de Gama.	M.	AFFRE (Opéra)
O.I.	3528	Air de Vasco de Gama.	M.	GAUTIER (Opéra-Comique)
O.I.	0008	Air du Sommeil.	Mme	TANÉSY (Opéra)
I.S.	2294	Air du Sommeil.	Mme	CHRÉTIEN-VAGUET (Opéra)
O.I.S.	0006	Ballade de Nélusko.	M.	BOYER (Opéra-Com. et Th. de la Monnaie, Bruxelles)
O.I.	0778	Chœur des Évêques.		
O.I.S.	0007	Fille des Rois.	M.	BOYER (Op.-Com. et Th. de la Monnaie, Bruxelles)
O.I.	3588	Fille des Rois.	M.	FOURNETS (Op. et Op.-C.)
O.I.	3708	Fille des Rois.	M.	SOULACROIX (Opéra-Com.)
O.I.	0004	Grand Air de Sélika.	Mme	TANÉSY (Opéra)
O.I.	4253	O Paradiso.	M.	CONSTANTINO

Aïda (VERDI)

I.	4613	Grand Air d'Aïda. (avec orchestre).	Mme	MARIE LAFARGUE (Opéra)
O.I.	0003	O céleste Aïda.	M.	GAUTIER (Opéra-Comique)
O.I.S.	3483	O céleste Aïda.	M.	AFFRE (Opéra)
O.I.	4254	Céleste Aïda.	M.	CONSTANTINO

Amica (MASCAGNI)

I.	0372	Cantabile du 1er acte.	M.	NUIBO (Opéras de Paris et de New-York).

Cylindres PATHÉ Les lettres O. I. S. placées devant chaque numéro, indiquent que le cylindre existe en dimension « O » ordinaire, « I » inter, « S » stentor.

André Chénier (GIORDANO)

Chanté par :

o.	0049	Stancés de la jeune captive.	M. LUCAS *(Opéra)*
o.	0033	Vous me frappez.	M. LUCAS *(Opéra)*
o.i.	4240	Come un bel di.	M. A. BASSI
o.i.	4243	Si fui soldato.	M. A. BASSI
o.i.	4239	Un di all' azzurro.	M. A. BASSI

Arlésienne (l') (BIZET) *(Drame lyrique)*

o.i.	0779	Marche des Rois (chœur).	

Ascanio (SAINT-SAËNS)

o.i.	2866	Enfant, je ne vous en veux pas.	M. LASSALLE *(Opéra)*

Attaque du Moulin (l') (BRUNEAU)

o.i.s.	3492	Adieu forêts.	M. AFFRE *(Opéra)*
o.	4663	Air de la Sentinelle (avec orchestre).	M. NUIBO *(Opéra)*
o.	4872	Imprécations à la guerre (avec orchestre).	Mme DELNA *(Opéra)*

Barbares (les) (SAINT-SAËNS)

i.s.	3740	Air du 4e acte.	M. VAGUET *(Opéra)*
o.i.s.	0084	Andante du prologue.	M. AUMONIER *(Prix Cons.)*
o.	0083	Chant funèbre.	Mlle MARY BOYER *(Opéra-Com.)*

Barbier de Séville (le) (ROSSINI)

o.i.s.	0296	Air de Figaro.	M. BOYER *(Opéra-Com. et Th. de la Monnaie, Bruxelles)*
o.i.	3712	Air de Figaro.	M. SOULACROIX *(Opéra-Com.)*
o.i.s.	0297	Air de la Calomnie.	M. AUMONIER *(Prix Cons.)*
o.i.	3538	Air de la Calomnie.	M. FOURNETS *(Op. et Op.-C.)*
i.	4562	Air de la Calomnie (avec orchestre).	M. BELHOMME *(Op.-Com. et Th. de la Monnaie, Bruxelles)*
o.i.	0298	Air de Rosine.	Mme TANÉSY *(Opéra)*
i.s.	1965	Air de Rosine.	Mme JANE MÉREY *(Opéra-Com.)*
i.	3634	Air de Rosine.	Mlle MERGUILLER *(Opéra-Com.*
i.s.	3859	Des rayons de l'aurore.	M. VAGUET *(Opéra)*
i.	0295	Des rayons de l'aurore.	M. VALLADE *(Conc. Lamour.)*
o.i.	2699	Duo du 1er acte.	MM. GAUTIER *(Opéra-Comique)* et BOYER *(Op.-C. et Th. de la Monnaie, Bruxelles)*

Cylindres PATHÉ Dans les commandes il est indispensable d'indiquer les numéros et la dimension des cylindres.

Chanté par :

o.i.	4256	Ecco ridente in cielo.	M. CONSTANTINO
o.i.	4288	La Calunnia.	M. PAOLO WULMAN
i.s.	3917	Variations de Proch.	Mᵐᵉ JANE MÉREY (*Opéra-Com.*)
i.s.	3917 *bis*	Variations de Proch (suite).	Mᵐᵉ JANE MÉREY (*Opéra-Com.*)

(Ces variations, introduites dans la leçon de chant du Barbier de Séville, sont complètes en deux cylindres).

Basoche (la) (MESSAGER)

o.i.	0291	Je suis aimé de la plus belle.	M. SOULACROIX (*Opéra-Com.*)
o.i.	0293	J'irai chez les oiseaux mes frères.	M. SOULACROIX (*Opéra-Com.*)
o.i.s.	0292	Quand tu connaîtras Colette.	M. SOULACROIX (*Opéra-Com.*)

Benvenuto Cellini (DIAZ)

o.i.	0020	De l'art, splendeur immortelle.	M. WEBER (*Théâtre Lyrique*)
i.	0859	De l'art, splendeur immortelle.	M. BERRIEL (*Baryton*)
i.s.	0967	De l'art, splendeur immortelle.	M. ALBERS (*Opéra-Com. et Th. de la Monnaie, Bruxelles*)
o.i.s.	2755	De l'art, splendeur immortelle.	M. NOTÉ (*Opéra*)

Caïd (le) (A. THOMAS)

o.i.	0303	Air du Tambour-Major.	M. AUMONIER (*Prix Conserv.*)
o.i.	3694	Air du Tambour-Major.	M. MELCHISSÉDEC (*Opéra et Opéra-Comique*)
i.	4563	Air du Tambour-Major (avec orchestre).	M. BELHOMME (*Op.-Com. et Th. de la Monnaie, Bruxelles*)
o.i.	0302	Amour, ce Dieu profane (l').	M. FOURNETS (*Op. et Op.-C.*)
o.i.	0595	Je veux lui plaire	Mˡˡᵉ MARY BOYER (*Opéra-Com.*)

Carmen (BIZET)

i.	0005	Air de Micaëla.	Mᵐᵉ MARIE THIÉRY (*Opéra-Com.*)
o.i.s.	0312	Air de Micaëla.	Mˡˡᵉ MARY BOYER (*Opéra-Com.*)
i.	2032	Air de Micaëla.	Mᵐᵉ JANE MÉREY (*Opéra-Com.*)
o.i.	0307	Air des Cartes.	Mˡˡᵉ MARY BOYER (*Opéra-Com.*)

Chanté par :

I.	3514	Air des Cartes.	Mme DELNA (Opéra)
o.I.	0308	Air du Toréador.	M. WEBER (Théâtre Lyrique)
o.I.s.	3381	Air du Toréador.	M. RENAUD (Opéra)
o.I.	3565	Air du Toréador.	M. FOURNETS (Op. et Op.-Com.)
I.	0428	Amour est enfant de Bohême (l').	Mme MARIA GAY (Th. Monte-Carlo)
I.s.	3502	Amour est enfant de Bohême (l').	Mme DELNA (Opéra)
o.I.	0608	Danse des Castagnettes.	Mlle MARY BOYER (Opéra-Com.)
o.I.	0311	Dragon d'Alcala.	M. GAUTIER (Opéra-Comique)
I.s.	1644	Fleur que tu m'avais jetée (la).	M. ALVAREZ (Opéra de Paris)
I.s.	3247	Fleur que tu m'avais jetée (la).	M. BEYLE (Opéra-Comique)
o.I.s.	3486	Fleur que tu m'avais jetée (la).	M. AFFRE (Opéra)
I.s.	3747	Fleur que tu m'avais jetée (la).	M. VAGUET (Opéra)
I.	4549	Fleur que tu m'avais jetée (la) (avec orchestre).	M. VAGUET (Opéra)
o.I.	0681	Je suis Escamillo (duo).	MM. GAUTIER (Opéra-Comique) et WEBER (Théâtre Lyrique)
o.I.	0768	Je suis Escamillo (duo).	MM. GAUTIER (Opéra-Comique) et BOYER (Opéra-Com. et Th. de la Monnaie, Bruxelles)
o.I.	2318	Ma mère je la revois (duo).	Mlle MARY BOYER et M. GAUTIER (Opéra-Comique)
I.	4617	Ma mère je la revois (duo) (avec orchestre).	Mlle MARY BOYER et M. GAUTIER (Opéra-Comique)
o.I.	0306	Près des remparts de Séville.	Mlle MARY BOYER (Opéra-Com.
I.s.	3501	Près des remparts de Séville.	Mme DELNA (Opéra)
o.	4611	Si tu m'aimes (avec orchestre.	Mlle JANE MARIGNAN et M. VIANNENC (Opéra-Comique
o.I.	0601	Tringles des sistres tintaient (les).	Mlle MARY BOYER (Opéra-Com.)

Cavalleria Rusticana (MASCAGNI)

I.s.	3730	Brindisi.	M. MURATORE (Opéra-Com.)
o.I.	0625	O Liqueur enchanteresse.	M. GAUTIER (Opéra-Comique)
o.I.	0314	Refrain de Lola.	Mlle MARY BOYER (Opéra-Com.)
o.I.	0315	Sicilienne.	M. GAUTIER (Opéra-Comique)
I.s.	3251	Sicilienne.	M. BEYLE (Opéra-Comique)
I.s.	3842	Sicilienne.	M. VAGUET (Opéra)
I.	4691	Sicilienne (avec orchestre).	M. GAUTIER (Opéra-Comique

Chanté par :

L.	1021	Vous le savez, ma mère.	Mlle JANE MARIGNAN (Op.-Com.)
O.I.	4247	Siciliana.	M. CONSTANTINO

Chalet (le) (ADAM)

O.I.	0321	Adieu vous que j'ai tant chérie.	M. VALLADE (Conc. Lamour.)
O.I.	0317	Elle est à moi, c'est ma compagne.	M. VALLADE (Conc. Lamour.)
O.I.	0682	Il faut me céder ta maîtresse (duo).	MM. VALLADE (Conc. Lam.) et AUMONIER (Prix Conserv.)
O.I.	0320	Liberté chérie.	Mlle MARY BOYER (Opéra-Com.)
O.I.	0757	Soutiens mon bras (trio).	
O.I.S.	0318	Vallons de l'Helvétie.	M. AUMONIER (Prix Conserv.)
I.S.	2773	Vallons de l'Helvétie.	M. BELHOMME (Opéra-Com. et Th. de la Monnaie, Bruxelles)
O.I.	3566	Vallons de l'Helvétie.	M. FOURNETS (Op. et Op.-Com.)
I.	4554	Vallons de l'Helvétie (avec orchestre).	M. BELHOMME (Op.-Com. et Th. de la Monnaie, Bruxelles)
O.I.	0319	Vive le vin, l'amour et le tabac.	M. AUMONIER (Prix Conserv.)

Charles VI (HALÉVY)

O.I.	0024	Avec ta douce chansonnette.	M. WEBER (Théâtre Lyrique)
I.S.	0968	Avec ta douce chansonnette.	M. ALBERS (Opéra-Com. et Th. de la Monnaie, Bruxelles)
O.I.	0025	C'est grand pitié.	M. BOYER (Opéra-Com. et Th. de la Monnaie, Bruxelles)
O.	2319	Gentille Odette (duo).	Mme TANÉSY (Opéra) et M. VALLADE (Concerts Lam.)
O.I.S.	0023	Guerre aux Tyrans.	M. AUMONIER (Prix Conserv.)
O.I.	1388	Quand le sommeil.	Mme TANÉSY (Opéra)

Chatterton (LEONCAVALLO)

O.I.	4210	Tu sola a me rimani o poesia	M. TITTA RUFFO

Chopin (OREFICE)

O.I.	4236	Io sono un fior che esala.	M. A. BASSI.
O.I.	4235	O ! Mia Pologna !	M. A. BASSI.

Cid (le) (MASSENET)

Chanté par :

o.	0048	Grand air du ténor.	M. LUCAS *(Opéra)*
o.i.	0030	Il a fait noblement ce que l'honneur.	M. AUMONIER *(Prix Cons.)*
o.i.	0029	Pleurez mes yeux.	Mme TANÉSY *(Opéra)*
i.s.	3749	Prière.	M. VAGUET *(Opéra)*
i.	4550	Prière (avec orchestre).	M. VAGUET *(Opéra)*

Cloche du Rhin (la) (SAMUEL ROUSSEAU)

o.i.s.	3537	Air.	M. VAGUET *(Opéra)*

Contes d'Hoffmann (les) (OFFENBACH)

o.i.	0331	C'est une chanson d'amour.	Mlle MARY BOYER *(Op.-Com.)*

Coupe du Roi de Thulé (la) (DIAZ)

o.i.s.	0032	Grand air : Il est venu.	M. BOYER *(Op.-Com. et Th. de la Monnaie, Bruxelles)*
o.i.	3706	Grand air : Il est venu.	M. SOULACROIX *(Op.-Com.)*

Dame Blanche (la) (BOIELDIEU)

o.i.	0332	Ah ! quel plaisir d'être soldat.	M. GAUTIER *(Opéra-Comique)*
o.i.	0334	D'ici, voyez ce beau domaine.	Mlle MARY BOYER *(Opéra-Com.)*
o.	2709	Il s'éloigne (duo).	Mlle MARY BOYER *(Op.-Com.)* et M. VALLADE *(Concerts Lam.)*
o.i.	0333	Viens, gentille dame.	M. VALLADE *(Concerts Lam.)*

Damnation de Faust (la) (BERLIOZ)

o.i.	0038	Air de Faust.	M. GAUTIER *(Op.-Com.)*
i.	4520	Air de Faust (avec orchestre).	M. VAGUET *(Opéra)*
i.	0050	D'amour, l'ardente flamme.	Mme MARIE LAFARGUE *(Opéra)*
o.i.	0193	D'amour, l'ardente flamme.	Mme TANÉSY *(Opéra)*
i.	2299	D'amour, l'ardente flamme.	Mme CHRÉTIEN-VAGUET *(Opéra)*
o.i.	0037	Invocation à la nature.	M. GAUTIER *(Opéra-Comique)*
i.	4537	Invocation à la nature (avec orchestre).	M. VAGUET *(Opéra)*
o.i.	2876	Voici des roses.	M. LASSALLE *(Opéra)*
o.i.s.	3383	Voici des roses.	M. RENAUD *(Opéra)*
o.i.	3555	Voici des roses.	M. FOURNETS *(Op. et Op.-C.)*
o.i.	3556	Sérénade de Méphisto.	M. FOURNETS *(Op. et Op.-C.)*

Cylindres PATHÉ Dans les commandes il est indispensable d'indiquer les numéros et la dimension des cylindres.

Deux Avares (les) (GRÉTRY)

o.i.   0780   Chœur.

Diamants de la Couronne (les) (AUBER)

Chanté par :

i.   3644   Variations.   Mlle **MERGUILLER** *(Opéra-Com.)*

Domino noir (le) (AUBER)

o.i.	0336	Deo Gratias.	M. **AUMONIER** *(Prix Cons.)*
i.s.	2771	Deo Gratias.	M. **BELHOMME** *(Op.-Com. et Th. de la Monnaie, Bruxelles)*
i.	4555	Deo Gratias (avec orchestre).	M. **BELHOMME** *(Op.-Com. et Th. de la Monnaie, Bruxelles)*
i.	3642	Qui je suis.	Mlle **MERGUILLER** *(Opéra-Com.)*

Don Carlos (VERDI)

o.i.	0040	Elle ne m'a jamais aimé.	M. **AUMONIER** *(Prix Cons.)*
o.i.	4285	Dormiro sol.	M. **PAOLO WULMAN**

Don Juan (MOZART)

i.s.	3841	Air d'Ottavio.	M. **VAGUET** *(Opéra)*
i.	4539	Air d'Ottavio (avec orchestre).	M. **VAGUET** *(Opéra)*
o.i.s.	0043	Je suis sous ta fenêtre (sérénade).	M. **BOYER** *(Op.-Com. et Th. de la Monnaie, Bruxelles)*
o.i.s.	2892	Je suis sous ta fenêtre (sérénade).	M. **LASSALLE** *(Opéra)*
o.i.	0687	Là, devant Dieu (duo).	Mlle **MARY BOYER** et M. **PICCALUGA** *(Opéra-Com.)*
o.i.s.	0042	Oui, madame, des belles qu'il aime.	M. **AUMONIER** *(Prix Cons.)*
i.	4309	Serenata (avec orchestre).	M. **MARIO ANCONA** *(Covent-Garden de Londres)*

Dragons de Villars (les) (MAILLART)

o.i.	0690	Allons, ma chère (duo)	Mlle **MARY BOYER** *(Op.-Com.)* et M. **BOYER** *(Op.-Com. et Th. de la Monnaie, Bruxelles)*
o.i.	0343	Chanson à boire.	M. **SOULACROIX** *(Opéra-Com.)*
o.	3699	Chanson à boire.	M. **MELCHISSÉDEC** *(Opéra et Opéra-Comique)*

Chanté par :

O.I.	0341	De ces lieux ma voix seule.	M. GAUTIER (*Opéra-Comique*)
O.I.S.	0344	Espoir charmant.	Mlle MARY BOYER (*Opéra-Com.*)
O.I.	0345	Hop, hop, mules chéries.	Mlle MARY BOYER (*Opéra-Com.*)
O.I.	0689	Moi, jolie (duo).	Mlle MARY BOYER et M. GAUTIER (*Opéra-Comique*)
I.	4618	Moi, jolie (duo) (avec orchestre).	Mlle MARY BOYER et M. GAUTIER (*Op.-Comique*)
O.I.S.	0342	Ne parle pas.	M. GAUTIER (*Opéra-Comique*)
I.S.	3240	Ne parle pas.	M. BEYLE (*Opéra-Comique*).
I.	4682	Ne parle pas (avec orchestre).	M. GAUTIER (*Opéra-Comique*)
O.I.	0340	Quand le dragon a bien trotté.	M. SOULACROIX (*Opéra-Com.*)
O.I.	3698	Quand le dragon a bien trotté.	M. MELCHISSÉDEC (*Opéra et Opéra-Comique*)

Elisir d'Amore (l') (DONIZETTI)

O.I.	4252	Una furtiva lagrima.	M. CONSTANTINO

Enfant-Roi (l') (BRUNEAU)

I.	0002	Fragment du 5ᵉ acte.	Mme MARIE THIÉRY (*Op.-Com.*)

Ernani (VERDI)

O.I.	4280	Infelice e tuo credevi.	M. PAOLO WULMAN

Étoile du Nord (l') (MEYERBEER)

O.I.	0476	Pour fuir son souvenir.	M. BAER (*Opéra*)
I.S.	0509	Pour fuir son souvenir.	M. GRESSE (*Opéra*)

Faust (GOUNOD)

I.	1014	Ah! je ris de me voir si belle.	Mlle JANE MARIGNAN (*Op.-C.*)
I.S.	3739	Air du 1ᵉʳ acte.	M. VAGUET (*Opéra*)
O.I.	0061	A moi les plaisirs.	M. GAUTIER (*Opéra-Com.*)
O.I.	0693	A moi les plaisirs (duo).	MM. GAUTIER (*Op.-Com.*) et AUMONIER (*Prix Cons.*)
O.I.	0060	Ange pur.	Mme TANÉSY (*Opéra*)
O.I.S.	0059	Ballade du Roi de Thulé.	Mlle MARY BOYER (*Opéra-Com.*)
I.S.	0350	Ballade du Roi de Thulé.	Mme FÉLIA LITVINNE (*soliste de S. M. le Tsar*)

Cylindres PATHÉ
Dans les commandes il est indispensable d'indiquer les numéros et la dimension des cylindres.

Chanté par :

I.	1005	Ballade du Roi de Thulé.	Mlle JANE MARIGNAN (Op.-C.)
I.	4614	Ballade du Roi de Thulé (avec orchestre).	Mme MARIE LAFARGUE (Opéra)
O.I.	0782	Chœur des Soldats.	
I.	3055	Chœur des Soldats (avec orchestre).	
I.	4603	Chœur des Soldats (avec orchestre).	Les CHŒURS de l'Opéra
I.	0783	Chœur des Vieillards.	
O.I.	3216	Chœur du premier acte.	
O.I.	0781	Choral des Épées.	
O.I.	0068	Couplets de Siebel.	Mlle MARY BOYER (Opéra-Com.)
I.S.	3758	Entrée de Méphisto, 1er acte (duo).	MM. VAGUET et GRESSE (Opéra)
I.S.	3759	Entrée de Méphisto, 1er acte (duo) (suite).	MM. VAGUET et GRESSE (Opéra)
O.I.S.	0062	Faites-lui mes aveux.	Mme TANÉSY (Opéra)
I.S.	3783	Fragment du 2e acte (duo)	Mme JANE MÉREY (Op.-Com.) et M. VAGUET (Opéra)
O.I.	0069	Invocation de Valentin	M. WEBER (Théâtre Lyrique)
O.I.	0057	Laisse-moi contempler ton visage.	M. GAUTIER (Opéra-Comique)
O.I.	0694	Laisse-moi contempler ton visage (duo).	Mme TANÉSY (Opéra) et M. VALLADE (Conc. Lam.)
O.I.	0730	Laisse-moi contempler ton visage (duo).	Mme TANÉSY et M. AFFRE (Op.)
O.I.	0063	Mon cœur est pénétré.	M. GAUTIER (Opéra-Comique)
O.I.	0065	Mort de Valentin.	M. WEBER (Th. Lyrique)
O.I.S.	2716	Mort de Valentin.	M. NOTÉ (Opéra)
O.I.	3681	Mort de Valentin.	M. MELCHISSÉDEC (Op.-Op.C.)
O.I.	1969	Ne permettrez-vous pas.	M. GAUTIER (Opéra-Comique)
O.I.S.	0056	Ronde du Veau d'Or (la).	M. AUMONIER (Prix Cons.)
O.	0392	Ronde du Veau d'Or (la) (avec orchestre).	M. BELHOMME (Op.-Com. et Th. de la Monnaie, Bruxelles)
I.S.	0500	Ronde du Veau d'Or (la).	M. GRESSE (Opéra)
O.I.	3540	Ronde du Veau d'Or (la)	M. FOURNETS (Op. et Op.-C.)
I.S.	3246	Salut demeure chaste et pure	M. BEYLE (Opéra-Comique)
O.I.S.	3391	Salut demeure chaste et pure.	M. VAGUET (Opéra)
O.I.S.	3489	Salut demeure chaste et pure.	M. AFFRE (Opéra)
O.I.	3530	Salut demeure chaste et pure.	M. GAUTIER (Opéra-Comique)
I.	4525	Salut demeure chaste et pure (avec orchestre).	M. VAGUET (Opéra)
I.	4713	Salut demeure chaste et pure (avec orchestre).	M. ROUSSELIÈRE (Opéra)

Cylindres PATHÉ Les lettres O. I. S., placées devant chaque numéro, indiquent que le cylindre existe en dimension « O » ordinaire, « I » inter, « S » stentor.

Chanté par :

o.i.s.	0052	Salut, ô mon dernier matin.	**M. DUPEYRON** *(Opéra)*
o.i.s.	3487	Salut, ô mon dernier matin.	**M. AFFRE** *(Opéra)*
o.i.s.	0067	Scène de l'Église.	**M. AUMONIER** *(Prix Cons.)*
i.s.	0351	Scène de l'Église (fragment).	**Mme FÉLIA LITVINNE** *(soliste de S. M. le Tsar)*
i.s.	0499	Scène de l'Église.	**M. GRESSE** *(Opéra)*
o.i.	3157	Scène de l'Église.	**M. CHAMBON** *(Opéra)*
o.i.s.	0058	Sérénade.	**M. AUMONIER** *(Prix Conserv.)*
i.s.	0501	Sérénade.	**M. GRESSE** *(Opéra)*
o.i.	3158	Sérénade.	**M. CHAMBON** *(Opéra)*
o.i.	3541	Sérénade.	**M. FOURNETS** *(Op. et Op.-Com.)*
o.i.	3680	Sérénade.	**M. MELCHISSÉDEC** *(Op. Op.-C.)*
o.i.	0758	Trio du duel.	
o.i.	0759	Trio final.	
o.i.	3105	Valse chantée.	**Mlle MARY BOYER** *(Op.-Com.)*
o.i.	4208	Morte di Valentino.	**M. TITTA RUFFO**
o.i.	4289	Serenata di Mefistofele.	**M. PAOLO WULMAN**

Favorite (la) (DONIZETTI)

o.i.	0074	Ange si pur.	**M. GAUTIER** *(Opéra-Comique)*
o.i.s.	3505	Ange si pur.	**M. AFFRE** *(Opéra).*
i.s.	3752	Ange si pur.	**M. VAGUET** *(Opéra)*
o.i.	0163	Cieux s'emplissent d'étincelles (les).	**M. AUMONIER** *(Prix Conserv.)*
i.s.	3764	Duo du 1er acte.	**MM. VAGUET** et **GRESSE** *(Opéra)*
o.i.	3385	Grand Air.	**M. RENAUD** *(Opéra)*
o.i.	2734	Ne vas-tu pas (duo).	**MM. GAUTIER** *(Opéra-Comique)* et **AUMONIER** *(Prix du Cons.)*
o.i.s.	0073	O mon Fernand.	**Mme TANÉSY** *(Opéra)*
o.i.	0076	Pour tant d'amour.	**M. BOYER** *(Opéra-Com. et Th. de la Monnaie, Bruxelles)*
o.i.	0077	Un ange, une femme inconnue.	**M. GAUTIER** *(Opéra-Comique)*
i.s.	3751	Un ange, une femme inconnue.	**M. VAGUET** *(Opéra)*
i.	4552	Un ange, une femme inconnue (av. orchestre)	**M. VAGUET** *(Opéra)*
o.i.	0695	Viens dans une autre Patrie (duo).	**Mme TANÉSY** *(Opéra)* et **M. VALLADE** *(Conc. Lamour.)*
o.i.	4266	Spirto gentil.	**M. CONSTANTINO**
o.i.	4259	Una vergine un angiol di Dio	**M. CONSTANTINO**

Cylindres PATHÉ **Dans les commandes il est indispensable d'indiquer les numéros et la dimension des cylindres.**

Fedora (GIORDANO)

Chanté par :

O.I.	4237	Amor ti vieta.	**M. A. BASSI**
O I.	4209	La Donna russa.	**M. TITTA RUFFO**

Fille de Roland (la) (RABAUD)

I.S.	3245	Chanson des Épées.	**M. BEYLE** *(Opéra-Comique).*

Fille du Régiment (la) (DONIZETTI)

O.I.	0365	Ah! mes amis, quel jour de fête.	**M. GAUTIER** *(Opéra-Comique)*
I.	2046	Couplets du 21e.	**Mme JANE MÉREY** *(Opéra-Com.)*
O.I.S.	2980	Couplets du 21e.	**Mlle MARY BOYER** *(Opéra-Com.)*
O.I.S.	0363	Il faut partir.	**Mlle MARY BOYER** *(Opéra-Com.)*
I	2039	Il faut partir.	**Mme JANE MÉREY** *(Opéra-Com.)*
O.	0205	La voilà! la voilà! (avec orchestre).	**Mlle KORSOFF** *et* **M. BELHOMME** *(Op.-Com.)*
O.I.	0700	La voilà, morbleu, qu'elle est gentille (duo).	**Mme TANÉSY** *(Opéra) et* **M. FOURNETS** *(Op. et Op.-Com.)*
O.I.	0364	Pour me rapprocher de Marie.	**M. GAUTIER** *(Opéra-Comique)*
O.I.	0366	Salut à la France.	**Mlle MARY BOYER** *(Opéra-Com.)*

Flamenca (la) (Lucien LAMBERT)

I.	0403	Habanera.	**Mlle MARY BOYER** *(Opéra-Com.)*
I.	0016	Havanaise.	**Mme MARIE THIÉRY** *(Op.-Com.)*

Flûte Enchantée (la) (MOZART)

I.S.	1983	Air de Pamina.	**Mme JANE MÉREY** *(Opéra-Com.)*
O.I.	0087	Air du grand Prêtre.	**M. AUMONIER** *(Prix Conser.)*
O.I.	3150	Air du grand Prêtre.	**M. CHAMBON** *(Opéra)*
O.I.	3590	Air du grand Prêtre.	**M. FOURNETS** *(Op. et Op.-Com.)*
O.	0088	Air du ténor.	**M. GAUTIER** *(Opéra-Comique)*
I.	2030	Ton cœur m'attend (duo).	**Mme JANE MÉREY** *et* **M. PICCALUGA** *(Opéra-Com.)*
O.I.	0701	Ton cœur m'attend (duo).	**Mlle MARY BOYER** *et* **M. PICCALUGA** *(Opéra-Comiq.)*

Fortunio (MESSAGER)

Chanté par :

o.-	0135	Chasse cette crainte.	M. MAGNENAT
o.	4652	Chasse cette crainte (avec orchestre).	M. VIGNEAU *(Opéra-Comique)*
o.	4662	Si vous croyez que je vais dire (avec orchestre).	M. NUIBO *(Opéra)*

Fra Diavolo (AUBER)

o.i.	0369	J'ai revu mes amis.	M. GAUTIER *(Opéra-Comique)*
o.i.	0367	Voyez sur cette roche.	Mlle MARY BOYER *(Opéra-Com.)*

Galathée (V. MASSÉ)

o.i.	0374	Ah! qu'il est doux de ne rien faire.	M. VALLADE *(Concerts Lam.)*
o.i.s.	0373	Air de la Coupe.	Mlle MARY BOYER *(Opéra-Com.)*
i.	1007	Air de la Coupe.	Mlle JANE MARIGNAN *(Op.-Com.)*
i.	3638	Air de la Coupe.	Mlle MERGUILLER *(Opéra-Com.)*
o.	2867	Ganymède, c'est toi que j'aime (duo).	Mlle MARY BOYER *(Op.-Com.)* et M. VALLADE *(Concerts Lam.)*
o.	0774	Quatuor.	
o.i.	3563	Tristes amours.	M. FOURNETS *(Op. et Op.-Com.)*

Gioconda (PONCHIELLI)

o.i.	4249	Cielo e mar.	M. CONSTANTINO
o.i.	4284	Ombre di mia prosepia.	M. PAOLO WULMAN

Grisélidis (MASSENET)

i.s.	3252	Chanson d'Alain.	M. BEYLE *(Opéra-Comique)*
o.i.	0128	Loin de sa femme.	M. BOYER *(Op.-Com. et Th. de la Monnaie, Bruxelles)*
i.s.	0971	Oiseau captif (l').	M. ALBERS *(Op.-Com. et Théât. de la Monnaie, Bruxelles)*
o.i.	0096	Mer (la).	Mlle MARY BOYER *(Opéra-Com.)*
o.i.	0109	Prière (la).	Mlle MARY BOYER *(Opéra-Com.)*
i.	4511	Prière (la) (avec orchestre).	Mlle MARY BOYER *(Opéra-Com.)*
i.s.	0970	Tristesse.	M. ALBERS *(Op.-Com. et Théât. de la Monnaie, Bruxelles)*
i.s.	0328	Voir Grisélidis.	M. MARÉCHAL *(Opéra-Comique)*

Guillaume Tell (ROSSINI)

o.i.	0094	Accours dans ma nacelle.	M. GAUTIER *(Opéra-Comique)*

Cylindres PATHÉ   Dans les commandes il est indispensable d'indiquer les numéros et la dimension des cylindres.

Chanté par :

O.	0184	Accours dans ma nacelle.	M. VALLADE *(Conc. Lamoureux)*
O.I.	0093	Asile héréditaire.	M. GAUTIER *(Opéra-Comique)*
I.S.	3484	Asile héréditaire.	M. AFFRE *(Opéra)*
I.	4601	Chœur des Pâtres (avec orchestre).	Les CHŒURS *de l'Opéra*
O.	0725	Doux aveu, ce tendre langage (duo).	Mlle MARY BOYER *(Op.-Com.)* et M. VALLADE *(Conc. Lamoureux)*
O.I.	0188	O Mathilde.	M. GAUTIER *(Opéra-Comique)*
O.I.	0095	Prière.	M. WEBER *(Théâtre Lyrique)*
O.I.S.	2738	Prière.	M. NOTÉ *(Opéra)*
O.I.	0171	Quand l'Helvétie.	M. FOURNETS *(Op. et Op.-Com.)*
O.I.	0186	Sombres forêts.	Mme TANÉSY *(Opéra)*

Guzla de l'Émir (la) (Th. Dubois)

I.S.	2778	Chanson arabe.	M. BELHOMME *(Op.-Com. et Th. de la Monnaie, Bruxelles)*

Hamlet (A. Thomas)

O.I.	3155	Air de la Basse.	M. CHAMBON *(Opéra)*
O.I.S.	0106	Air de la Folie.	Mlle MARY BOYER *(Op.-Comiq.)*
I.	2837	Air de la Folie.	Mlle SYLVA *(Cov.-Garden, Théâtre London et Monn. Bruxelles)*
O.I.	0099	Chanson bachique.	M. WEBER *(Théâtre Lyrique)*
O.I.S.	2744	Chanson bachique.	M. NOTÉ *(Opéra)*
O.I.	3707	Chanson bachique.	M. SOULACROIX *(Opéra-Com.)*
I.S.	0973	Comme une pâle fleur (Arioso).	M. ALBERS *(Op.-Com. et Théât. de la Monnaie, Bruxelles)*
O.I.S.	2748	Comme une pâle fleur (Arioso).	M. NOTÉ *(Opéra)*
O.	3570	Comme une pâle fleur (Arioso).	M. FOURNETS *(Op. et Op.-Com.)*
O.I.	0702	Doute de la lumière (duo).	Mlle MARY BOYER *(Op.-Com.)* et M. WEBER *(Théâtre-Lyrique)*
O.	3569	Être ou ne pas être.	M. FOURNETS *(Op. et Op.-C.)*
O.I.	0103	Sa main depuis hier.	Mlle MARY BOYER *(Opéra-Com.)*
O.I.	0101	Spectre infernal.	M. WEBER *(Théâtre Lyrique)*
I.S.	2594	Spectre infernal.	M. BOUVET *(Opéra-Comique)*

Haydée (Auber)

O.I.	0382	Ah! que la nuit est belle.	M. GAUTIER *(Opéra-Comique)*
I.S.	3743	Ah! que la nuit est belle.	M. VAGUET *(Opéra)*
I.	4538	Ah! que la nuit est belle (avec orchestre).	M. VAGUET *(Opéra)*

Cylindres PATHÉ — Les lettres O. I. S. placées devant chaque numéro, indiquent que le cylindre existe en dimension « O » ordinaire, « I » inter, « S » stentor.

			Chanté par :
O.I.	3713	A la voix séduisante.	M. SOULACROIX *(Opéra-Com.)*
I.	4557	A la voix séduisante (avec orchestre).	M. BELHOMME *(Op.-Com. et Th. de la Monnaie, Bruxelles)*
O.I.	0381	Glisse, glisse, ma gondole.	M. GAUTIER *(Opéra-Comique)*
O.I.	0380	Il dit qu'à sa noble Patrie.	Mme TANÉSY *(Opéra)*

Henri VIII *(Saint-Saëns)*

O.I.	0108	Qui donc commande ?	M. BOYER *(Op.-Com. et Th. de la Monnaie, Bruxelles)*

Hérodiade *(Massenet)*

O.I.	3572	Air de la Basse (3e acte).	M. FOURNETS *(Op. et Op.-Com.)*
I.S.	3738	Air de Jean.	M. VAGUET *(Opéra)*
I.	4540	Air de Jean (avec orchestre).	M. VAGUET *(Opéra)*
I.	0012	Grand air.	Mme MARIE THIÉRY *(Op.-Com.)*
O.I.	0211	Il est doux, il est bon.	Mme TANÉSY *(Opéra)*
O.I.	0116	Ne me refuse pas.	Mme TANÉSY *(Opéra)*
O.I.	0114	Vision fugitive.	M. WEBER *(Théâtre Lyrique)*
O.I.S.	2741	Vision fugitive.	M. NOTÉ *(Opéra)*

Huguenots (les) *(Meyerbeer)*

O.I.S.	3511	Beauté divine.	M. AFFRE *(Opéra)*
O.I.	0118	Bénédiction des Poignards.	M. AUMONIER *(Prix Conserv.)*
I.S.	0502	Bénédiction des Poignards.	M. GRESSE *(Opéra)*
O.I.S.	2495	Bénédiction des Poignards.	M. DELMAS *(Opéra)*
O.I.	3544	Bénédiction des Poignards.	M. FOURNETS *(Op. et Op.-Com.)*
I.	4600	Bénédiction des Poignards (avec orchestre).	Les CHŒURS de l'Opéra
O.I.	3218	Chœur du Couvre-Feu.	
O.I.	3217	Chœur du Serment.	
O.I.S.	0189	Choral de Lüther.	M. AUMONIER *(Prix Conserv.)*
O.I.	3147	Choral de Luther.	M. CHAMBON *(Opéra)*
O.	3545	Choral de Luther.	M. FOURNETS *(Op. et Op.-Com.)*
O.I.	0786	Conjuration des Poignards (chœur).	
O.I.S.	3509	Entrée de Raoul.	M. AFFRE *(Opéra)*
I.S.	3843	Entrée de Raoul.	M. VAGUET *(Opéra)*
O.I.	0123	Et vous qui répondez.	M. AUMONIER *(Prix Conserv.)*
O.	3543	Et vous qui répondez.	M. FOURNETS *(Op. et Op.-C.)*
O.I.S.	0121	Nobles Seigneurs, salut.	Mlle MARY BOYER *(Opéra-Com.)*
I.	1531	Nobles Seigneurs, salut.	Mlle KELLOR *(Alhambra)*
O.I.S.	0122	O beau pays de la Touraine.	Mme TANÉSY *(Opéra)*

Cylindres PATHÉ Dans les commandes il est indispensable d'indiquer les numéros et la dimension des cylindres.

Chanté par :

I.	**2834**	O beau pays de la Touraine.	Mlle **SYLVA** (*Covent-Garden, Londres et Monnaie, Bruxelles*)
O.I.	**0120**	Pif ! paf !	M. **AUMONIER** (*Prix Conserv.*)
O.I.	**3148**	Pif ! paf !	M. **CHAMBON** (*Opéra*)
O.I.	**3546**	Pif ! paf !	M. **FOURNETS** (*Op. et Op.-C.*)
O.I.	**0015**	Plus blanche que la blanche hermine.	M. **LUCAS** (*Opéra*)
O.I.	**0119**	Plus blanche que la blanche hermine.	M. **GAUTIER** (*Opéra-Comique*)
O.I.	**0134**	Plus blanche que la blanche hermine.	M. **DUPEYRON** (*Opéra*)
O.I.S.	**3496**	Plus blanche que la blanche hermine.	M. **AFFRE** (*Opéra*)
I.S.	**3844**	Plus blanche que la blanche hermine (accompagné par M. Monteux, alto-solo des concerts Colonne).	M. **VAGUET** (*Opéra*)
O.I.	**2864**	Tu l'as dit, oui tu m'aimes (duo).	Mme **TANÉSY** (*Opéra*) et M. **VALLADE** (*Concerts Lam.*)

Jocelyn (B. GODARD)

O.I.S.	**0133**	Berceuse.	Mlle **MARY BOYER** (*Opéra-Com.*)
I.S.	**0487**	Berceuse.	Mme **MARG. CARRÉ** (*Op.-Com.*)
I.	**1006**	Berceuse.	Mlle **JANE MARIGNAN** (*Op.-Com.*)
I.	**3515**	Berceuse.	Mme **DELNA** (*Opéra*)
O.I.S.	**3531**	Berceuse.	M. **VAGUET** (*Opéra*)
I.	**4526**	Berceuse (avec orchestre).	M. **VAGUET** (*Opéra*)

Joconde (NICOLO)

O.I.S.	**0389**	Dans un délire extrême.	M. **BOYER** (*Op.-Com. et Th. de la Monnaie, Bruxelles*)
I.S.	**2590**	Dans un délire extrême.	M. **BOUVET** (*Opéra-Comique*)
O.I.	**3721**	Dans un délire extrême.	M. **SOULACROIX** (*Op.-Com.*)

Jolie Fille de Perth (la) (BIZET)

O.I.	**0475**	Quand la flamme de l'amour.	M. **BAER** (*Opéra*)

Cylindres PATHÉ — Les lettres O. I. S., placées devant chaque numéro, indiquent que le cylindre existe en dimension « O » ordinaire, « I » inter, « S » stentor.

Jongleur de Notre-Dame (le) (MASSENET)

Chanté par :

O.I.	**3704**	Air du Prieur.	M. **SOULACROIX** *(Opéra-Com.)*
I.S.	**0329**	Air du ténor.	M. **MARÉCHAL** *(Opéra-Com.)*
O.I.	**3691**	Légende de la Sauge.	M. **SOULACROIX** *(Opéra-Com.)*

Joseph (MÉHUL)

O.I.	**0139**	A peine au sortir de l'enfance.	M. **VALLADE** *(Conc. Lamour.)*
I.S.	**1659**	A peine au sortir de l'enfance.	M. **ALVAREZ** *(Opéra de Paris)*
I.S.	**3838**	A peine au sortir de l'enfance.	M. **VAGUET** *(Opéra)*
I.	**4534**	A peine au sortir de l'enfance (avec orchestre).	M. **VAGUET** *(Opéra)*
I.S.	**1658**	Champ paternel.	M. **ALVAREZ** *(Opéra de Paris)*
I.S.	**3835**	Champ paternel.	M. **VAGUET** *(Opéra)*
O.I.	**0138**	Vainement Pharaon.	M. **VALLADE** *(Conc. Lamour.)*
I.	**4548**	Vainement Pharaon (avec orchestre).	M. **VAGUET** *(Opéra)*

Juif Polonais (le) (ERLANGER)

O.	**0166**	Ronde de Lauterbach.	Mlle **MARY BOYER** *(Opéra-Com.)*

Juive (la) (HALÉVY)

O.I.	**0146**	Il va venir.	Mme **TANÉSY** *(Opéra)*
O.I.	**0017**	Loin de son amie.	M. **LUCAS** *(Opéra)*
O.I.	**0143**	Prière de la Pâque.	M. **GAUTIER** *(Opéra-Comique)*
O.I.	**0167**	Prière de la Pâque.	M. **DUPEYRON** *(Opéra)*
O.I.S.	**0144**	Rachel, quand du Seigneur.	M. **GAUTIER** *(Opéra-Comique)*
O.I.	**0158**	Rachel, quand du Seigneur.	M. **DUPEYRON** *(Opéra)*
I.S.	**3833**	Rachel, quand du Seigneur.	M. **VAGUET** *(Opéra)*
O.I.S.	**0141**	Si la rigueur.	M. **AUMONIER** *(Prix Cons.)*
O.I.	**3145**	Si la rigueur.	M. **CHAMBON** *(Opéra)*
O.I.	**3560**	Si la rigueur.	M. **FOURNETS** *(Op. et Op.-C.)*
O.I.	**0726**	Ta fille en ce moment (duo).	MM. **GAUTIER** *(Opéra-Comique)* et **AUMONIER** *(Prix Conserv.)*
O.I.S.	**0142**	Vous qui du Dieu vivant.	M. **AUMONIER** *(Prix Cons.)*
O.I.	**3152**	Vous qui du Dieu vivant.	M. **CHAMBON** *(Opéra)*
O.I.	**3561**	Vous qui du Dieu vivant.	M. **FOURNETS** *(Op. et Op.-Com.)*
O.I.	**4283**	Se opressi ognor.	M. **PAOLO WULMAN**

Cylindres PATHÉ Dans les commandes il est indispensable d'indiquer les numéros et la dimension des cylindres.

Lakmé (Léo Delibes)

Chanté par :

O.I.	0396	Ah ! viens dans la forêt profonde.	M. VALLADE (Conc. Lamour.)
O.I.	0705	C'est le Dieu de la jeunesse (duo).	Mlle MARY BOYER et M. GAUTIER (Opéra-Comique)
I.S.	0491	Dans la forêt.	Mme MARG. CARRÉ (Opéra-Com.
O.I.	1319	Dans la forêt.	Mlle MARY BOYER (Opéra-Com.)
I.S.	1968	Dans la forêt.	Mme JANE MÉREY (Opéra-Com.)
I.	0011	Pourquoi dans les grands bois.	Mme MARIE THIÉRY (Op.-Com.)
I.	1022	Pourquoi dans les grands bois.	Mlle JANE MARIGNAN (Op.-Com.)
O.I.	1333	Pourquoi dans les grands bois.	Mlle MARY BOYER (Opéra-Com.)
I.	2035	Pourquoi dans les grands bois.	Mme JANE MÉREY (Opéra-Com.)
O.I.	0395	Prendre le dessin d'un bijou.	M. GAUTIER (Opéra-Comique)
O.I.S.	0397	Ton doux regard se voile.	M. WEBER (Théâtre Lyrique).
O.I.	0472	Ton doux regard se voile.	M. BAER (Opéra)
O.I.S.	2599	Ton doux regard se voile.	M. BOUVET (Opéra-Comique)
I.S.	1994	Tu m'as donné le plus doux rêve.	Mme JANE MÉREY (Opéra-Com.)

Lalla-Rouk (F. David)

O.I.	0393	Ma maîtresse a quitté la tente.	M. VALLADE (Conc. Lamour.)
O.I.	0394	O ! ma maîtresse.	M. VALLADE (Conc. Lamour.)

Lohengrin (R. Wagner)

O.I.	0267	Air du balcon.	Mme TANÉSY (Opéra)
I.S.	3736	Entrée.	M. VAGUET (Opéra)
I.S.	1663	Mon cygne aimé.	M. ALVAREZ (Opéra de Paris)
O.I.	0154	O mon cher Cygne.	M. GAUTIER (Opéra-Comique)
O.I.S.	3392	Récit du Graal.	M. VAGUET (Opéra)
I.	4541	Récit du Graal (avec orchestre).	M. VAGUET (Opéra)
O.I.	3532	Récit du Graal.	M. GAUTIER (Opéra-Comique)
O.I.	0538	Songe d'Elsa.	Mme TANÉSY (Opéra)
I.	3072	Songe d'Elsa.	Mme MARG. MORTAGNE (prof. de chant)

Cylindres PATHÉ   Les lettres O. I. S., placées devant chaque numéro, indiquent que le cylindre existe en dimension « O » ordinaire, « I » inter, « S » stentor.

Lombardi (I) (VERDI)

Chanté par :

O.I.	**4234**	La mia letizia.	**M. A. BASSI**

Louise (G. CHARPENTIER)

O.I.S.	**0258**	Air du 3ᵉ acte.	**Mˡˡᵉ MARY BOYER** *(Opéra-Com.)*
I.	**2839**	Air du 3ᵉ acte.	**Mˡˡᵉ SYLVA** *(Covent-Garden, Londres et Monnaie, Bruxelles).*
O.I.	**0229**	Reste, repose-toi.	**M. BOYER** *(Op.-Com. et Th. de la Monnaie, Bruxelles)*
O.I.	**0228**	Voir naître un enfant.	**M. BOYER** *(Op.-Com. et Th. de la Monnaie, Bruxelles)*

Lucie de Lammermoor (DONIZETTI)

I.	**2844**	Air de la Folie.	**Mˡˡᵉ SYLVA** *(Covent-Garden, Londres et Monnaie, Bruxelles).*
O.I.	**0149**	O bel ange, ô ma Lucie.	**M. GAUTIER** *(Opéra-Comique)*

Lucrezia Borgia (DONIZETTI)

O.I.	**4282**	Qualunque sia l'évento.	**M. PAOLO WULMAN**
O.I.	**4281**	Vieni la mia vendetta.	**M. PAOLO WULMAN**

Madame Chrysanthème (A. MESSAGER)

I.	**2060**	Valse des Cigales.	**Mᵐᵉ JANE MÉREY** *(Opéra-Com.)*]

Mage (le) (MASSENET)

O.I.S.	**3490**	Air du Mage.	**M. AFFRE** *(Opéra)*

Maître de Chapelle (le) (PAER)

O.I.	**0399**	Ah! quel bonheur de pressentir sa gloire.	**M. BOYER** *(Opéra-Com. et Th. de la Monnaie, Bruxelles)*

Maîtres Chanteurs (les) (R. WAGNER)

I.S.	**3853**	Aube vermeille (l').	**M. VAGUET** *(Opéra)*
O.I.	**0156**	Couplets de Walter.	**M. BOYER** *(Opéra-Com. et Th. de la Monnaie, Bruxelles)*
I.	**0798**	Grand air.	**M. VAN DYCK** *(Opéra)*

Cylindres PATHÉ Dans les commandes il est indispensable d'indiquer les numéros et la dimension des cylindres.

Maître Pathelin (BAZIN)

Chanté par :

O.I.	0401	Je pense à vous quand je m'éveille.	M. VALLADE *(Conc. Lamoureux)*

Manon (MASSENET)

I.	0035	Adieu notre petite table (avec orchestre).	Mme MARIE THIÉRY *(Op.-Com.)*
O.I.	0404	Adieu notre petite table.	Mlle MARY BOYER *(Opéra-Com.)*
I.	0494	Adieu notre petite table.	Mme MARG. CARRÉ *(Opéra-Com.)*
I.	1004	Adieu notre petite table.	Mlle JANE MARIGNAN *(Op.-Com.)*
I.	3643	Adieu notre petite table.	Mlle MERGUILLER *(Opéra-Com.)*
I.S.	0323	Ah! fuyez douce image.	M. MARÉCHAL *(Opéra-Comique)*
O.I.S.	0405	Ah! fuyez douce image.	M. GAUTIER *(Opéra-Comique)*
I.S.	3244	Ah! fuyez douce image.	M. BEYLE *(Opéra-Comique)*
O.I.	1348	A nous les amours et les roses.	Mlle MARY BOYER *(Opéra-Com.)*
O.I.	0406	A quoi bon l'économie.	M. BOYER *(Op.-Com. et Th. de la Monnaie, Bruxelles)*
I.S.	0322	En fermant les yeux.	M. MARÉCHAL *(Opéra-Com.)*
O.I.	0408	En fermant les yeux.	M. GAUTIER *(Opéra-Comique)*
O.I.	0407	Épouse quelque brave fille.	M. BOYER *(Op.-Com. et Th. de la Monnaie, Bruxelles)*
O.I.	1346	Je marche sur tous les chemins.	Mlle MARY BOYER *(Opéra-Com.)*
I.S.	1989	Je marche sur tous les chemins.	Mme JANE MÉREY *(Opéra-Com.)*
O.I.	1339	Je suis encore tout étourdie.	Mlle MARY BOYER *(Opéra-Com.)*
I.S.	0674	La lettre (duo).	Mme MARG. CARRÉ *et* M. BEYLE *(Opéra-Comique)*
I.	1009	N'est-ce plus ma main.	Mlle JANE MARIGNAN *(Op.-Com.)*
O.I.	1338	N'est-ce plus ma main.	Mlle MARY BOYER *(Opéra-Com.)*
O.I.	1345	Obéissons (gavotte).	Mlle MARY BOYER *(Opéra-Com.)*
O.I.S.	1334	Regardez-moi bien dans les yeux.	M. BOYER *(Op.-Com. et Th. de la Monnaie, Bruxelles)*
I.S.	0673	Rencontre (la) (duo).	Mme MARG. CARRÉ *et* M. BEYLE *(Opéra-Comique)*
I.S.	3241	Rêve de Des Grieux (le).	M. BEYLE *(Opéra-Comique)*
I.S.	0486	Voyons Manon, plus de chimères.	Mme MARG. CARRÉ *(Opéra-Com.)*
I.	1012	Voyons, Manon, plus de chimères.	Mlle JANE MARIGNAN *(Op.-Com.)*
O.I.	1347	Voyons, Manon, plus de chimères.	Mlle MARY BOYER *(Opéra-Com.)*

Cylindres PATHÉ — Les lettres O. I. S., placées devant chaque numéro, indiquent que le cylindre existe en dimension « O » ordinaire, « I » inter, « S » stentor.

Martha (FLOTOW)

Chanté par :

O.I.	0160	Lorsqu'à mes yeux.	**M. GAUTIER** *(Opéra-Comique)*
I.S.	1628	Lorsqu'à mes yeux.	**M. ALVAREZ** *(Opéra de Paris)*
I.S.	3249	Lorsqu'à mes yeux.	**M. BEYLE** *(Opéra-Comique)*
O.I.S.	0162	Seule ici, fraîche rose.	**Mme TANÉSY** *(Opéra)*
O.I.	4255	M'appari tutto amor.	**M. CONSTANTINO**

Méphistophélès (BOÏTO)

O.I.	0279	Air de Faust.	**M. GAUTIER** *(Opéra-Comique)*
O.	0280	Air de Faust (4e acte)	**M. VALLADE** *(Concerts Lam.)*
O.I.	0285	Air de la prison : Marguerite.	**Mme TANÉSY** *(Opéra)*
I.	2842	Air de la prison : Marguerite.	**Mlle SYLVA** *(Covent-Garden de Londres et Monnaie, Bruxelles)*
O.I.	4257	Dai campi dai prati.	**M. CONSTANTINO**
I.	4267	Giunto sul posso estremo.	**M. CONSTANTINO**

Miarka (A. GEORGES), *Drame lyrique*

O.I.	4874	Hymne au Soleil (avec orchestre).	**Mme DELNA** *(Opéra)*

Mignon (A. THOMAS)

I.	0327	Adieu, Mignon, courage.	**M. MARÉCHAL** *(Opéra-Com.)*
O.I.	0411	Adieu, Mignon, courage.	**M. GAUTIER** *(Opéra-Comique)*
I.S.	3248	Adieu, Mignon, courage.	**M. BEYLE** *(Opéra-Comique)*
I.S.	3750	Adieu, Mignon, courage.	**M. VAGUET** *(Opéra)*
I.	4543	Adieu, Mignon, courage (avec orchestre).	**M. VAGUET** *(Opéra)*
I.S.	1977	Air de Titania.	**Mme JANE MÉREY** *(Opéra-Com.)*
I.	3639	Air de Titania.	**Mlle MERGUILLER** *(Opéra-Com.)*
O.	0415	Belle, ayez pitié de nous.	**M. VALLADE** *(Concerts Lamour.*
O.I.	0473	Berceuse.	**M. BAER** *(Opéra)*
I.	2774	Berceuse.	**M. BELHOMME** *(Op.-Com. et Th. de la Monnaie, Bruxelles)*
O.I.	3626	Berceuse.	**M. FOURNETS** *(Op. et Op.-C.)*
I.	4561	Berceuse (avec orchestre).	**M. BELHOMME** *(Op.-Com. et Th. de la Monnaie, Bruxelles)*
O.I.	3238	Chœur des Buveurs.	
I.	0019	Connais-tu le pays.	**Mme MARIE THIÉRY** *(Op.-Com.)*
O.I.S.	0414	Connais-tu le pays.	**Mlle MARY BOYER** *(Opéra-Com.)*

Cylindres PATHÉ Dans les commandes il est indispensable d'indiquer les numéros et la dimension des cylindres.

Chanté par :

I.	4513	Connais-tu le pays (avec orchestre).	Mlle MARY BOYER (Opéra-Com.)
O.I.	0710	Duo des hirondelles.	Mlle MARY BOYER (Op.-Com.) et M. AUMONIER (Prix Conserv.)
I.S.	0324	Elle ne croyait pas.	M. MARÉCHAL (Opéra-Com.)
O.I.	0412	Elle ne croyait pas.	M. GAUTIER (Opéra-Comique)
I.S.	3243	Elle ne croyait pas.	M. BEYLE (Opéra-Comique)
I.S.	3754	Elle ne croyait pas.	M. VAGUET (Opéra)
I.	4542	Elle ne croyait pas (avec orchestre).	M. VAGUET (Opéra)
O.I.	1361	Je connais un pauvre enfant.	Mlle MARY BOYER (Opéra-Com.)
O.I.	2910	Je suis heureuse (duo).	Mlle MARY BOYER et M. GAUTIER (Opéra-Comique)
O.I.	4287	Ninna-Nanna (berceuse).	M. PAOLO WULMAN

Mireille (GOUNOD)

O.I.S.	0422	Air de Mireille (valse).	Mlle MARY BOYER (Opéra-Com.)
O.I.	0416	Air du soprano.	Mlle MARY BOYER (Opéra-Com.)
I.S.	1976	Air du soprano.	Mme JANE MÉREY (Opéra-Com.)
O.I.	0421	Anges du Paradis.	M. VALLADE (Concerts Lam.)
I.S.	3250	Anges du Paradis.	M. BEYLE (Opéra-Comique)
I.S.	1975	Ariette (valse).	Mme JANE MÉREY (Opéra-Com.)
O.I.	0409	A vos pieds, hélas ! me voilà.	Mme TANÉSY (Opéra)
I.	3645	A vos pieds, hélas ! me voilà.	Mlle MERGUILLER (Opéra-Com.)
I.	0014	Heureux petit berger.	Mme MARIE THIÉRY (Op.-Com.)
I.	0031	Heureux petit berger (avec orchestre).	Mme MARIE THIÉRY (Op.-Com.)
O.I.	1373	Heureux petit berger.	Mlle MARY BOYER (Opéra-Com.)
I.S.	2006	Heureux petit berger.	Mme JANE MÉREY (Opéra-Com.)
O.I.	0419	Le jour se lève : Chanson du berger.	Mlle MARY BOYER (Opéra-Com.)
O.I.	1381	Oh ! qu'ai-je fait ?	M. FOURNETS (Op. et Op.-C.)
O.I.	0712	O Magali ! (duo).	Mlle MARY BOYER et M. GAUTIER (Opéra-Comique)
I.	4619	O Magali ! (duo) (avec orchestre).	Mlle MARY BOYER et M. GAUTIER (Opéra-Comique)
O.I.	0417	Si les filles d'Arles.	M. WEBER (Th. Lyrique)
O.I.	3539	Si les filles d'Arles.	M. FOURNETS (Op. et Op.-C.)
I.	0022	Trahir Vincent.	Mme MARIE THIÉRY (Op.-Com.)
O.I.	0418	Un père parle en père.	M. BOYER (Op.-Com. et Th. de la Monnaie, Bruxelles)

			Chanté par :
I.S.	**0683**	Vincenette à votre âge (duo).	**M**^{lle} **MARY BOYER** *et* **M. BEYLE** *(Opéra-Comique)*
O.I.	**0711**	Vincenette à votre âge (duo). ·	**M**^{lle} **MARY BOYER** *et* **M. GAUTIER** *(Opéra-Comique)*

Moïse (Rossini)

O.I.	**0165**	Prière.	**M. AUMONIER** *(Prix Cons.)*

Mousquetaires de la Reine (les) (Halévy)

O.I.	**0427**	Ah! mes amis, il n'est pas sur ma foi.	**M. GAUTIER** *(Opéra-Comique)*.

Muette de Portici (la) (Auber)

O.I.	**0983**	Amis, la matinée est belle.	**M. VALLADE** *(Conc. Lam.)*
O.I.	**0698**	Amour sacré (duo).	**MM. GAUTIER** *(Opéra-Com.) et* **BOYER** *(Opéra-Com. et Th. de la Monnaie, Bruxelles)*

Muguette (E. Missa)

I.	**0010**	Air de Muguette.	**M**^{me} **MARIE THIÉRY** *(Op.-Com.)*

Mule de Pedro (la) (V. Massé)

O.I.	**0429**	Ma mule, qui chaque semaine.	**M. AUMONIER** *(Prix Cons.)*

Navarraise (la) (Massenet)

I.	**1024**	Mariez donc son cœur.	**M**^{lle} **JANE MARIGNAN** *(Op.-C.)*

Noces de Figaro (les) (Mozart)

I.	**3635**	Air de Suzanne. ·	**M**^{lle} **MERGUILLER** *(Opéra-Com.)*
I.	**2840**	Mon cœur soupire.	**M**^{lle} **SYLVA** *(Covent-Garden de Londres et Monnaie, Bruxelles)*
I.	**2047**	Mon cœur soupire.	**M**^{me} **JANE MÉREY** *(Opéra-Com.)*

Cylindres PATHÉ   Dans les commandes il est indispensable d'indiquer les numéros et la dimension des cylindres.

Noces de Jeannette (les) (V. Massé)

Chanté par :

O.I.	0439	Air du rossignol.	Mlle MARY BOYER *(Opéra-Com.)*
O.I.	0443	Cours mon aiguille.	Mlle MARY BOYER *(Opéra-Com.)*
I.	4512	Cours mon aiguille (avec orchestre).	Mlle MARY BOYER *(Opéra-Com.)*
O.I.	0442	Enfin, me voilà seul.	M. SOULACROIX *(Opéra-Com.)*
O.I.	1410	Les voilà ces meubles joyeux.	Mlle MARY BOYER *(Opéra-Com.)* M. SOULACROIX *(Opéra-Com.)*
O.I.	0440	Margot, lève ton sabot.	M. SOULACROIX *(Opéra-Com.)*
O.I.S.	0444	Parmi tant d'amoureux	Mlle MARY BOYER *(Opéra-Com.)*

Nuit Persane (Saint-Saëns)

O.I.S.	3535	Air du Cimetière.	M. VAGUET *(Opéra)*
O.I.S.	3534	Air du Sabre en main.	M. VAGUET *(Opéra)*

Ombre (l') (Flotow)

O.I.	3720	Midi, minuit.	M. SOULACROIX *(Opéra-Com.)*
O.I.	3719	Quand je monte cocotte.	M. SOULACROIX *(Opéra-Com.)*

Orphée (Glück)

O.I.	0346	Air d'Orphée	Mme TANÉSY *(Opéra)*
O.I.S.	0174	J'ai perdu mon Eurydice.	Mme TANÉSY *(Opéra)*

Otello (Rossini)

O.I.	0176	Dans le cœur d'Otello.	M. BOYER *(Op.-Com. et Th. de la Monnaie, Bruxelles)*

Otello (Verdi)

I.S.	1639	Arioso di secondo atto.	M. ALVAREZ *(Opéra de Paris)*
O.	0041	Grande phrase	M. LUCAS *(Opéra)*
O.	4913	Tout m'abandonne (avec orchestre).	M. ALBANI *(Scala de Milan)*

Paillasse (Leoncavallo)

I.S.	1656	Entrata de Pagliaccio.	M. ALVAREZ *(Opéra de Paris)*
O.I.	1487	Pauvre Paillasse.	M. GAUTIER *(Opéra-Comique)*
I.S.	1636	Pauvre Paillasse.	M. ALVAREZ *(Opéra de Paris)*
I.S.	1638	Povero Pagliaccio.	M. ALVAREZ *(Opéra de Paris)*
I.	4810	Prologo (avec orchestre).	M. MARIO ANCONA *(Cov.-Garden de Londres).*

Cylindres PATHÉ Les lettres O. I. S., placées devant chaque numéro, indiquent que le cylindre existe en dimension « O » ordinaire, « I » inter, « S » stentor.

Pardon de Ploërmel (le) (MEYERBEER)

Chanté par :

O.I.	0179	Ah! mon remords te venge.	M. BOYER (Op.-Com. et Th. de la Monnaie, Bruxelles)
O.I.S.	2593	Ah! mon remords te venge.	M. BOUVET (Opéra-Comique)
O.I.	0181	Chant du faucheur.	M. VALLADE (Conc. Lamour.)
O.I.	0359	Légende du 2e acte.	Mme TANÉSY (Opéra)
O.I.	0180	O puissante magie.	M. BOYER (Op.-Com. et Th. de la Monnaie, Bruxelles)
I.S.	2002	Valse.	Mme JANE MÉREY (Opéra-Com.)
I.S.	2002 bis	Valse (suite).	Mme JANE MÉREY (Opéra-Com.)
I.	2838	Valse.	Mlle SYLVA (Cov.-Garden de Londres et Monnaie, Bruxelles)
I.	3640	Valse de l'Ombre.	Mlle MERGUILLER (Opéra-Com.)
O.	4866	Valse de l'Ombre (av. orch.).	Mlle MIRANDA (Opéra)
O.I.	1966	Vieux sorcier de la montagne (le).	Mlle MARY BOYER (Opéra-Com.)
O.I.	4212	Sei vendicata ossai.	M. TITTA RUFFO

Patrie (PALADILHE)

I.	4560	Air du Sonneur (avec orchestre).	M. BELHOMME (Op.-C. et Th. de la Monnaie, Bruxelles)
I.S.	3748	Madrigal.	M. VAGUET (Opéra)
I.	4535	Madrigal (avec orchestre).	M. VAGUET (Opéra)
O.I.	0182	Pauvre martyr obscur.	M. BOYER (Opéra-Com. et Th. de la Monnaie, Bruxelles)
O.I.S.	2494	Pauvre martyr obscur.	M. DELMAS (Opéra)
O.I.S.	2733	Pauvre martyr obscur.	M. NOTÉ (Opéra)
O.I.	3585	Pauvre martyr obscur.	M. FOURNETS (Op. et Op.-Com.)

Paul et Virginie (V. MASSÉ)

O.I.	0450	N'envoyez pas le jeune maître.	M. BOYER (Op.-Com. et Th. de la Monnaie, Bruxelles)
O.I.	3703	N'envoyez pas le jeune maître.	M. SOULACROIX (Opéra-Com.)
I.	1023	Nous marchions cette nuit.	Mlle JANE MARIGNAN (Op.-Com.)
O.I.S.	1434	Nous marchions cette nuit.	Mlle MARY BOYER (Opéra-Com.)
O.I.	0452	Oiseau s'envole (l').	M. BOYER (Op.-Com. et Th. de la Monnaie, Bruxelles)
O.I.	2884	Oiseau s'envole (l').	M. LASSALLE (Opéra)
O.I.	3702	Oiseau s'envole (l').	M. SOULACROIX (Opéra-Com.)
O.I.	2984	Par le ciel qui m'entend (duo).	Mme TANÉSY (Opéra) et M. VALLADE (Conc. Lamoureux)
O.I.	0451	Par quel charme, dis-moi.	M. GAUTIER (Opéra-Comique)

Cylindres PATHÉ Dans les commandes il est indispensable d'indiquer les numéros et la dimension des cylindres.

Pêcheurs de Perles (les) (BIZET)

Chanté par :

I.S.	1993	Cavatine de Leïla.	Mme JANE MÉREY *(Opéra-Com.)*
O.I.	0187	Je crois entendre encore.	M. GAUTIER *(Opéra-Comique)*
O.I.	0722	Oui, c'est elle, c'est la déesse (duo).	MM. GAUTIER *(Opéra-Comique)* et BOYER *(Opéra-Comiq. et Th. de la Monnaie, Bruxelles)*

Perle du Brésil (la) (F. DAVID)

O.I.	1439	Couplets du Mysoli.	Mme TANÉSY *(Opéra)*

Philémon et Baucis (GOUNOD)

O.I.	1513	Ah! si je redevenais belle.	Mlle MARY BOYER *(Opéra-Com.)*
I.S.	1985	Ah! si je redevenais belle.	Mme JANE MÉREY *(Opéra-Com.)*
I.S.	0505	Couplets de Vulcain.	M. GRESSE *(Opéra)*
I.S.	2779	Couplets de Vulcain.	M. BELHOMME *(Op.-C. et Th. de la Monnaie, Bruxelles)*
O.I.S.	3550	Couplets de Vulcain.	M. FOURNETS *(Op. et Op.-Com.)*
I.	4559	Couplets de Vulcain (avec orchestre).	M. BELHOMME *(Op.-C. et Th. de la Monnaie, Bruxelles)*
O.I.	0459	Eh quoi! parce que Mercure.	M. BOYER *(Op.-Com. et Th. de la Monnaie, Bruxelles)*
O.I.	3552	Eh quoi! parce que Mercure.	M. FOURNETS *(Op. et Op.-Com.)*
I.S.	2004	O riante nature.	Mme JANE MÉREY *(Opéra-Com.)*
O.I.S.	2597	Que les songes heureux.	M. BOUVET *(Opéra-Comique)*
O.I.	3549	Que les songes heureux.	M. FOURNETS *(Op. et Op.-C.)*
O.I.	1511	Sous le poids de l'âge.	Mme TANÉSY *(Opéra)*
O.I.	0458	Vénus n'est pas plus belle.	M. BOYER *(Op.-Com. et Th. de la Monnaie, Bruxelles)*
O.I.	3551	Vénus n'est pas plus belle.	M. FOURNETS *(Op. et Op.-Com.)*

Postillon de Longjumeau (le) (ADAM)

O.I.	0736	Quoi tous les deux (duo).	Mlle MARY BOYER *(Op.-Com.)* et M. VALLADE *(Conc. Lamoureux)*
O.I.	0461	Ronde du Postillon.	M. VALLADE *(Conc. Lamoureux)*

Pré aux Clercs (le) (HÉROLD)

O.	0464	Air de Mergy : Ce soir j'arrive donc.	M. VALLADE *(Conc. Lamour.)*
O.I.	0465	A la fleur du bel âge.	Mlle MARY BOYER *(Opéra-Com.)*

Cylindres PATHÉ Les lettres O. I. S., placées devant chaque numéro, indiquent que le cylindre existe en dimension « O » ordinaire, « I » inter, « S » stentor.

Chanté par :

O.I.	0463	Jours de mon enfance.	Mlle MARY BOYER *(Opéra-Com.)*
O.I.	0732	Rendez-vous de noble compagnie (les) (duo).	Mlle MARY BOYER *(Op.-Com.)* et M. AUMONIER *(Prix Conserv.)*
O.I.	0466	Souvenir du jeune âge.	Mlle MARY BOYER *(Opéra-Com.)*
I.	3641	Souvenirs de mon enfance.	Mlle MERGUILLER *(Opéra-Com.)*

Prophète (le) (MEYERBEER)

O.I.	0196	Ah ! mon fils.	Mme TANÉSY *(Opéra)*
I.S.	3500	Ah ! mon fils.	Mme DELNA *(Opéra)*
I.S.	1653	Hymne triomphal.	M. ALVAREZ *(Opéra de Paris)*
O.I.	0195	Couplets de la mendiante.	Mme TANÉSY *(Opéra)*
O.I.	0194	Pour Bertha, moi, je soupire.	M. GAUTIER *(Opéra-Comique)*
O.I.S.	3507	Pour Bertha, moi, je soupire.	M. AFFRE *(Opéra)*
O.I.	0197	Roi du ciel et des anges.	M. GAUTIER *(Opéra-Comique)*

Reine de Chypre (la) (HALÉVY)

O.I.	0740	Triste exilé (duo).	MM. GAUTIER *(Opéra-Com.)* et BOYER *(Op.-Com. et Th. de la Monnaie, Bruxelles)*

Reine de Saba (la) (GOUNOD)

O.I.	0202	Sous les pieds d'une femme.	M. AUMONIER *(Prix Conserv.)*
O.I.	0474	Sous les pieds d'une femme.	M. BAER *(Opéra)*
O.I.	3149	Sous les pieds d'une femme.	M. CHAMBON *(Opéra)*
O.I.S.	3493	Inspirez-moi, race divine.	M. AFFRE *(Opéra)*

Reine Fiamette (la) (XAVIER LEROUX)

I.	0498	Ariette (accompagné par l'auteur).	Mme MARG. CARRÉ *(Op.-Com.)*
I.	0495	Élégie (accompagné par l'auteur).	Mme MARG. CARRÉ *(Op.-Com.)*

Richard Cœur-de-Lion (GRÉTRY)

O.I.	1525	Couplets d'Antonio.	Mlle MARY BOYER *(Opéra-Com.)*
O.I.	0741	D'une fièvre brûlante (duo).	MM. GAUTIER *(Opéra-Com.)* et WEBER *(Th. Lyrique)*
O.I.	0769	D'une fièvre brûlante (duo).	MM. GAUTIER *(Opéra-Com.)* et BOYER *(Op.-Com. et Th. de la Monnaie, Bruxelles)*

Cylindres PATHÉ Dans les commandes il est indispensable d'indiquer les numéros et la dimension des cylindres.

Chanté par :

O.I.S.	0471	O Richard, ô mon Roi.	M. BOYER *(Op.-Comique et Th. de la Monnaie, Bruxelles)*
O.I.	2592	O Richard, ô mon Roi.	M. BOUVET *(Opéra-Comique)*

Rigoletto (VERDI)

I.S.	3741	Ballade du 1er acte.	M. VAGUET *(Opéra)*
O.I.	0207	Comme la plume au vent.	M. GAUTIER *(Opéra-Comique)*
O.I.S.	3481	Comme la plume au vent.	M. AFFRE *(Opéra)*
I.S.	3742	Comme la plume au vent.	M. VAGUET *(Opéra)*
O.	4911	Comme la plume au vent (avec orchestre).	M. ALBANI *(Scala de Milan)*
I.S.	3488	Fragment du quatuor.	M. AFFRE *(Opéra)*
O.I.S.	0208	Oh! mes maîtres, ma voix vous implore.	M. BOYER *(Opéra-Com. et Th. de la Monnaie, Bruxelles)*
O.I.	0209	Qu'une belle, pour quelques instants.	M. GAUTIER *(Opéra-Comique)*
O.I.S.	3494	Qu'une belle, pour quelques instants.	M. AFFRE *(Opéra)*
O.I.	4233	Questa o quella.	M. A. BASSI
O.I.	4245	La donna è mobile.	M. CONSTANTINO
O.I.	4246	Questa o quella.	M. CONSTANTINO

Robert le Diable (MEYERBEER)

O.I.	0747	Ah! l'honnête homme (fragment du duo).	MM. GAUTIER *(Opéra-Com.)* et AUMONIER *(Prix Conserv.)*
I.S.	3852	Ah! l'honnête homme (fragment du duo).	MM. VAGUET *(Opéra)* et AUMONIER *(Prix Conserv.)*
O.I.	0789	Chœur des Moines.	M. AUMONIER *(Prix Conserv.)*
O.I.	0218	Évocation des Nonnes.	M. CHAMBON *(Opéra)*
O.I.	3146	Évocation des Nonnes.	M. FOURNETS *(Op. et Op.-C.)*
O.I.	3557	Évocation des Nonnes.	M. VALLADE *(Concerts Lam.)*
O.I.	0215	Jadis, régnait.	Mme TANÉSY *(Opéra)*
O.I.	0361	Quand je quittai ma Normandie.	M. LUCAS *(Opéra)*
O.	0078	Sicilienne.	M. GAUTIER *(Opéra-Comique)*
O.I.	0217	Sicilienne.	
O.	0766	Trio (sans accompag.)	Mme TANÉSY *(Opéra)*
O.I.	0214	Va, dit-elle.	M. AUMONIER *(Prix Conserv.)*
O.I.	0216	Valse infernale.	M. FOURNETS *(Op. et Op.-C.)*
O.I.	3558	Valse infernale.	

Robin des Bois (WEBER)

O.I.	0790	Chœur des Chasseurs.	

Roi de Lahore (le) (MASSENET)

Chanté par :

O.I.	0219	Promesse de mon avenir.	**M. BOYER** *(Op.-Comique et Th. de la Monnaie, Bruxelles)*
I.S.	0966	Promesse de mon avenir.	**M. ALBERS** *(Op.-Com. et Th. de la Monnaie, Bruxelles)*
O.I.S.	2750	Promesse de mon avenir.	**M. NOTÉ** *(Opéra)*
O.I.S	2871	Promesse de mon avenir.	**M. LASSALLE** *(Opéra)*
O.I.	3382	Promesse de mon avenir.	**M. RENAUD** *(Opéra)*

Roi d'Ys (le) (E. LALO)

I.S.	0672	A l'autel j'allais rayonnant (duo).	**Mᵐᵉ MARG. CARRÉ** *et* **M. BEYLE** *(Opéra-Comique)*
O.I.	2996	A l'autel j'allais rayonnant (duo).	**Mˡˡᵉ MARY BOYER** *et* **M. GAUTIER** *(Opéra-Comique)*
I.S.	3239	Aubade du Roi d'Ys.	**M. BEYLE** *(Opéra-Comique)*
I.S.	1662	Aubade du Roi d'Ys.	**M. ALVAREZ** *(Opéra de Paris)*
I.	0021	Couplets du 3ᵉ acte.	**Mᵐᵉ MARIE THIÉRY** *(Op.-Com.)*
O.I.	2997	Dans un rival je trouve un fils (duo).	**MM. FOURNETS** *(Op., Op.-Com.) et* **PICCALUGA** *(Opéra-Com.)*
I.	0492	Pourquoi laisser à la porte.	**Mᵐᵉ MARG. CARRÉ** *(Op.-Com.)*
O.I.	0248	Que ta justice.	**Mᵐᵉ TANÉSY** *(Opéra)*
I.S.	0485	Que ta justice.	**Mᵐᵉ MARG. CARRÉ** *(Op.-Com.)*
I.S.	0325	Vainement ma bien-aimée.	**M. MARÉCHAL** *(Opéra-Com.)*
O.I.	0477	Vainement ma bien-aimée.	**M. GAUTIER** *(Opéra-Comique)*
I.S.	3737	Vainement ma bien-aimée.	**M. VAGUET** *(Opéra)*

Roland à Roncevaux (MERMET)

O.I.	0013	Superbes Pyrénées.	**M. LUCAS** *(Opéra)*

Roméo et Juliette (GOUNOD)

O.I.S.	3533	Ah! lève-toi, soleil.	**M. VAGUET** *(Opéra)*
I.	4546	Ah! lève-toi, soleil (avec orchestre).	**M. VAGUET** *(Opéra)*
O.I.	0222	Ballade de la Reine Mab.	**M. BOYER** *(Op.-Com. et Th. de la Monnaie, Bruxelles)*
O.I.	0223	Cavatine.	**M. GAUTIER** *(Opéra-Comique)*
I.	0370	Cavatine.	**M. NUIBO** *(Opéras de Paris et de New-York)*
I.S.	1625	Cavatine.	**M. ALVAREZ** *(Opéra de Paris)*
O.I.S.	3485	Cavatine.	**M. AFFRE** *(Opéra)*

Cylindres PATHÉ Dans les commandes il est indispensable d'indiquer les numéros et la dimension des cylindres.

Chanté par :

O.I.	2992	Duo du 1er acte.	Mlle **MARY BOYER** *et* **M. GAUTIER** *(Opéra-Comique)*
I.S.	3762	Duo du 3e acte (fragment).	Mme **JANE MÉREY** *(Op.-Com.) et* **M. VAGUET** *(Opéra)*
I.S.	3761	Madrigal (duo).	Mme **JANE MÉREY** *(Op.-Com.) et* **M. VAGUET** *(Opéra)*
O.I.	2991	Nuit d'hyménée (duo).	Mlle **MARY BOYER** *et* **M. GAUTIER** *(Opéra-Comique)*
O.I.	0225	Scène du tombeau.	**M. GAUTIER** *(Opéra-Comique)*
O.I.S.	3508	Scène du tombeau.	**M. AFFRE** *(Opéra)*
O.I.S.	0226	Valse de Juliette.	Mlle **MARY BOYER** *(Op.-Com.)*
I.S.	1988	Valse.	Mme **JANE MÉREY** *(Op.-Com.)*

Saisons (les) (V. MASSÉ)

| O.I. | 0232 | Chanson du Blé. | **M. FOURNETS** *(Op. et Op.-C.)* |
| I.S. | 0503 | Chanson du Blé. | **M. GRESSE** *(Opéra)* |

Salammbô (REYER)

| O.I.S. | 0510 | Ah ! qui me donnera des ailes. | Mme **TANÉSY** *(Opéra)* |

Samson et Dalila (SAINT-SAËNS)

| O.I.S.. | 0237 | Printemps qui commence. | Mlle **MARY BOYER** *(Opéra-Com.)* |
| I. | 0430 | Printemps qui commence. | Mme **MARIA GAY** *(Th. Monte-C.)* |

Sapho (GOUNOD)

| O.I. | 0238 | Oh! ma lyre immortelle. | Mme **TANÉSY** *(Opéra)* |
| I.S. | 0348 | Oh! ma lyre immortelle. | Mme **FÉLIA LITVINNE** *(soliste de S. M. le Tsar)* |

Sapho (MASSENET)

I.	1016	Adieu ma mie.	Mlle **JANE MARIGNAN** *(Op.-Com.)*
I.	1017	Ce que j'appelle beau.	Mlle **JANE MARIGNAN** *(Op.-Com.)*
I.	1019	Demain je partirai.	Mlle **JANE MARIGNAN** *(Op.-Com.)*

			Chanté par :
O.I.	3063	Duo du 3ᵉ acte.	Mᵐᵉ **TANÉSY** *(Opéra) et* M. **VALLADE** *(Conc. Lam.)*
I.	1020	Faut-il avoir aimé.	Mˡˡᵉ **JANE MARIGNAN** *(Op.-Com.)*
O.I.	0497	Pendant que tu travail-lerais.	Mᵐᵉ **TANÉSY** *(Opéra)*
I.	1015	Pendant que tu travail-lerais.	Mˡˡᵉ **JANE MARIGNAN** *(Op.-Com.)*
I.	1018	Pendant un an je fus ta femme.	Mˡˡᵉ **JANE MARIGNAN** *(Op.-Com.)*
I.	3636	Pendant un an je fus ta femme.	Mˡˡᵉ **MERGUILLER** *(Op.-Com.)*
O I.	0496	Petit, voici ta lampe.	Mᵐᵉ **TANÉSY** *(Opéra)*

Sardanapale (JONCIÈRES)

O.I.	3154	Front dans la poussière (le).	M. **CHAMBON** *(Opéra)*

Siberia (GIORDANO)

I.	4205	O bella mia (serenata).	M. **TITTA RUFFO**
O.I.	4230	T'incontrai per via.	M. **A. BASSI**

Sigurd (REYER)

O.I.	3151	Chant du Barde.	M. **CHAMBON** *(Opéra)*
O.I.S.	0547	Des présents de Gunther.	Mᵐᵉ **TANÉSY** *(Opéra)*
I.S.	2297	Des présents de Gunther	Mᵐᵉ **CHRÉTIEN-VAGUET** *(Op.)*
O.I.	0731	Duo de la fontaine.	Mᵐᵉ **TANÉSY** *et* M. **AFFRE** *(Op.)*
O.I.	3059	Duo de la fontaine.	Mᵐᵉ **TANÉSY** *(Opéra) et* M. **VALLADE** *(Concerts Lam.)*
O.	0018	Esprits gardiens.	M. **LUCAS** *(Opéra)*
O.I.	0242	Esprits gardiens.	M. **GAUTIER** *(Opéra-Comique)*
I.S.	0326	Esprits gardiens.	M. **MARÉCHAL** *(Opéra-Com.)*
O.I.S.	3529	Esprits gardiens.	M. **VAGUET** *(Opéra)*
I.	4531	Esprits gardiens (avec orchestre).	M. **VAGUET** *(Opéra)*
O.I.S.	3386	Et toi, Freïa.	M. **RENAUD** *(Opéra)*
O.I.	3547	Et toi, Freïa.	M. **FOURNETS** *(Op. et Op.-C.)*
O.I.	0243	J'aime à voir assis.	M. **BOYER** *(Opéra-Com. et Th. de la Monnaie, Bruxelles)*
O.I.	0511	Salut, splendeur du jour.	Mᵐᵉ **TANÉSY** *(Opéra)*
I.	3065	Salut, splendeur du jour.	Mᵐᵉ **MARG. MORTAGNE** *(profes. de chant)*
I.S.	1651	Un souvenir poignant.	M. **ALVAREZ** *(Opéra de Paris)*
I.S.	3744	Un souvenir poignant.	M. **VAGUET** *(Opéra)*

Cylindres PATHÉ Dans les commandes il est indispensable d'indiquer les numéros et la dimension des cylindres.

Si j'étais Roi (ADAM)

Chanté par :

O.I.S	0750	Arrêtons-nous (duo).	Mlle MARY BOYER (*Op.-Com.*) et M. BOYER (*Op.-C. et Th. de la Monnaie, Bruxelles*)
O.I.	0484	Dans le sommeil.	M. BOYER (*Op.-C. et Th. de la Monnaie, Bruxelles*)
O.I.	3715	Dans le sommeil.	M. SOULACROIX (*Op.-Com.*)
O.I.	0480	Fleur boit la rosée (la).	M. BOYER (*Op.-C. et Th. de la Monnaie, Bruxelles*)
O.I.	0483	J'ignorais son nom.	M. GAUTIER (*Opéra-Comique*)

Songe d'une nuit d'été (le) (A. THOMAS)

I.S.	0508	Allons que tout s'apprête.	M. GRESSE (*Opéra*)
I.	4556	Allons que tout s'apprête (avec orchestre)	M. BELHOMME (*Op.-Com. et Th. de la Monnaie, Bruxelles*)
O.I.	0792	Chœur des Gardes-Chasses.	
I.	3637	Le voici ainsi.	Mlle MERGUILLER (*Op.-Com.*)
I.S.	3839	Stances.	M. VAGUET (*Opéra*)

Tannhäuser (le) (R. WAGNER)

O.I.	0793	Chœur des Pèlerins.	
O.I.S.	0251	En contemplant cette assemblée.	M. BOYER (*Op.-C. et Th. de la Monnaie, Bruxelles*)
O.I.	0253	Jadis quand tu luttais.	M. BOYER (*Op.-Com. et Th. de la Monnaie, Bruxelles*)
I.S.	0965	Jadis quand tu luttais.	M. ALBERS (*Op.-Com. et Th. de la Monnaie, Bruxelles*)
O.I.S.	0530	Je savais bien la trouver en prière.	M. BOYER (*Op.-Com. et Th. de la Monnaie, Bruxelles*)
O.I.	0252	O ! chaste amour.	M. BOYER (*Op.-Com. et Th. de la Monnaie, Bruxelles*)
O.I.	0529	Prière d'Élisabeth.	Mme TANÉSY (*Opéra*)
O.I.	0250	Romance de l'Étoile.	M. WEBER (*Théâtre-Lyrique*)
I.S.	0963	Romance de l'Étoile.	M. ALBERS (*Op.-Com. et Th. de la Monnaie, Bruxelles*)
O.I.	2874	Romance de l'Étoile.	M. LASSALLE (*Opéra*)
O.I.	0528	Viens cher amant.	Mme TANÉSY (*Opéra*)
I.	4308	O tu bell'astro (avec orchestre.)	M. MARIO ANCONA (*Covent-Garden de Londres*)

Cylindres PATHÉ   Les lettres O. I. S., placées devant chaque numéro, indiquent que le cylindre existe en dimension «O» ordinaire, «I» inter, «S» stentor.

Thaïs (Massenet)

Chanté par :

I. S.	1987	Amour est une vertu rare (l').	Mme **JANE MÉREY** *(Opéra-Com.)*
I.	3061	Amour est une vertu rare (l').	Mme **MARG. MORTAGNE** *(prof. de chant)*
O. I.	0523	Dis-moi que je suis belle.	Mme **TANÉSY** *(Opéra)*
I. S.	1967	Dis-moi que je suis belle.	Mme **JANE MÉREY** *(Opéra-Com.)*
I	3058	Qui te fait si sévère.	Mme **MARG. MORTAGNE** *(prof. de chant)*

Timbre d'Argent (le) (Saint-Saëns)

O. I.	3722	De Naples à Florence.	M. **SOULACROIX** *(Opéra-Com.)*

Toréador (le) (Adam)

I.	3633	Variations.	Mlle **MERGUILLER** *(Opéra-Com.)*

Tosca (la) (Puccini)

I. S.	3242	Air de la lettre.	M. **BEYLE** *(Opéra-Comique)*
I. S.	0972	Air de Scarpia.	M. **ALBERS** *(Opéra-Com. et Th. de la Monnaie, Bruxelles.)*
I. S.	3728	Ciel luisait d'étoiles (le).	M. **MURATORE** *(Opéra-Com.)*
O.	4665	Ciel luisait d'étoiles (le) (avec orchestre).	M. **NUIBO** *(Opéra)*
I.	3729	O de beautés égales.	M. **MURATORE** *(Opéra-Com.)*
O. I.	4231	E lucean le stelle.	M. **A. BASSI**
O. I.	4251	E lucean le stelle.	M. **CONSTANTINO**
O. I.	4242	Ol Dolci mani.	M. **A. BASSI**
O. I.	4241	Recondita armonia.	M. **A. BASSI**
O. I.	4258	Recondita armonia.	M. **CONSTANTINO**

Traviata (la) (Verdi)

I.	2068	Adieu tout ce que j'aime.	Mme **JANE MÉREY** *(Opéra-Com.)*
I.	2064	Brindisi.	Mme **JANE MÉREY** *(Opéra-Com.)*
O. I.	0255	Buvons jusqu'à la lie.	M. **GAUTIER** *(Opéra-Comique)*
I.	3919	Grand air du 1er acte.	Mme **JANE MÉREY** *(Opéra-Com.)*
I.	3919 *bis*	Grand air du 1er acte (*suite*).	Mme **JANE MÉREY** *(Opéra-Com.)*
O. I.	3069	Loin de Paris (duo du 4e acte).	Mlle **MARY BOYER** et M. **GAUTIER** *(Opéra-Comique)*

Cylindres PATHÉ Dans les commandes il est indispensable d'indiquer les numéros et la dimension des cylindres.

Chanté par :

O.I.	**0257**	Lorsqu'à de folles amours	**M. BOYER** *(Opéra-Com. et Th. de la Monnaie, Bruxelles)*
O.	**4955**	Lorsqu'à de folles amours (avec orchestre).	**M. DANGÈS** *(Opéra)*
O.I.	**3695**	Lorsqu'à de folles amours.	**M. SOULACROIX** *(Opéra-Com.)*
O.I.	**0256**	Non, non, loin d'elle.	**M. VALLADE** *(Concerts Lam.)*
O.I.	**4207**	Di provenza il mare.	**M. TITTA RUFFO**
I.	**4312**	Di provenza il mare (avec orchestre).	**M. MARIO ANCONA** *(Cov.-Garden de Londres).*

Tribut de Zamora (le) (GOUNOD)

O.I.	**0533**	Tu trouves donc.	**M**ᵐᵉ **TANÉSY** *(Opéra)*

Trouvère (le) (VERDI)

O.I.	**0266**	Air de Léonore (4ᵉ acte)	**M**ᵐᵉ **TANÉSY** *(Opéra)*
I.S.	**1666**	Aria di atto quarto.	**M. ALVAREZ** *(Opéra de Paris)*
I.	**4615**	Brise d'amour (avec orchestre).	**M**ᵐᵉ **MARIE LAFARGUE** *(Opéra)*
O.I.	**0264**	Exilé sur la terre.	**M. GAUTIER** *(Opéra-Comique)*
O.I.	**0263**	Flamme brille (la).	**M**ᵐᵉ **TANÉSY** *(Opéra)*
O.I.	**0260**	Miserere.	**M. GAUTIER** *(Opéra-Comique)*
O.I.S.	**3506**	Miserere.	**M. AFFRE** *(Opéra)*
O.I.	**0262**	O ma patrie (duo).	**M**ᵐᵉ **TANÉSY** *(Opéra) et* **M. VALLADE** *(Concerts Lam.)*
O.I.	**0261**	Son regard, son doux sourire.	**M. BOYER** *(Opéra-Com. et Th. de la Monnaie, Bruxelles)*
O.I.S.	**2747**	Son regard, son doux sourire.	**M. NOTÉ** *(Opéra)*
O.I.	**3690**	Son regard, son doux sourire.	**M. SOULACROIX** *(Opéra-Com.)*
O.I.	**4206**	Il balen del suo sorriso.	**M. TITTA RUFFO**

Troyens (les) (BERLIOZ)

I.S.	**0349**	Air de Didon.	**M**ᵐᵉ **FÉLIA LITVINNE** *(soliste de S. M. le Tsar)*
I.	**3513**	Air de Didon.	**M**ᵐᵉ **DELNA** *(Opéra)*

Vêpres Siciliennes (les) (VERDI)

I.	**2845**	Boléro.	**M**ˡˡᵉ **SYLVA** *(Covent-Garden de Londres et Monnaie, Bruxelles)*

Cylindres PATHÉ   Les lettres O. I. S., placées devant chaque numéro, indiquent que le cylindre existe en dimension « O » ordinaire, « I » inter, « S » stentor.

Vie de Bohême (la) (Puccini)

Chanté par :

o.i.	0752	Adieu le réveil (duo du 4e acte).	MM. GAUTIER *(Opéra-Com.) et* BOYER *(Opéra-Com. et Th. de la Monnaie, Bruxelles)*
o.i.	0275	Adieu mon vieil habit.	M. BOYER *(Opéra-Com. et Th. de la Monnaie, Bruxelles)*
i.s.	0488	Adieux de Mimi.	Mme MARG. CARRÉ *(Op.-Com.)*
o.i.	0549	Eh bien, voilà, je suis poète.	M. GAUTIER *(Opéra-Comique)*
i.s.	2005	On m'appelle Mimi.	Mme JANE MÉREY *(Op.-Com.)*
o.i.	0551	Valse de Musette.	Mlle MARY BOYER *(Op.-Com.)*
o.i.	4248	Io son poeta.	M. CONSTANTINO
o.i.	4260	O Mimi tu più non torni (duetto).	MM. TITTA RUFFO *et* A. BASSI
o.i.	4238	Racconto in poverta mia lieta.	M. A. BASSI

Vivandière (la) (B. Godard)

i.	1013	Viens avec nous petit.	Mlle JANE MARIGNAN *(Op.-Com.)*
o.i.	2248	Viens avec nous petit.	Mlle MARY BOYER *(Opéra-Com.)*
i.s.	3504	Viens avec nous petit.	Mme DELNA *(Opéra)*

Voyage en Chine (le) (Bazin)

o.i.	2940	Chœur du Cidre.	
o.	3074	Oui, mon cœur est à toi (duo).	Mlle MARY BOYER *(Op.-Com.) et* M. VALLADE *(Concerts Lamour.)*
o.i.	0507	Quand le soleil sur notre monde.	M. BOYER *(Opéra-Com. et Th. de la Monnaie, Bruxelles)*

Walkyrie (la) (R. Wagner)

i.s.	1634	Chanson du Printemps.	M. ALVAREZ *(Opéra de Paris)*
o.i.	0276	Chant d'Amour.	M. GAUTIER *(Opéra-Comique)*
i.	0795	Chant d'Amour.	M. VAN DYCK *(Opéra)*

Cylindres PATHÉ Dans les commandes il est indispensable d'indiquer les numéros et la dimension des cylindres.

Werther (MASSENET)

Chanté par :

O.I.	2245	Air des larmes.	Mlle **MARY BOYER** (*Opéra-Com.*)
I.	4514	Air des larmes (avec orchestre).	Mlle **MARY BOYER** (*Opéra-Com.*)
I.	3512	Air des larmes.	Mme **DELNA** (*Opéra*)
O.I.	0559	Air des lettres.	Mlle **MARY BOYER** (*Opéra-Com.*)
O.I.	0558	Du gai soleil : Air de Sophie.	Mlle **MARY BOYER** (*Opéra-Com.*)
O.I.	0518	Je ne sais si je veille.	M. **GAUTIER** (*Opéra-Comique*)
O.I.	0563	Pourquoi me réveiller.	M. **GAUTIER** (*Opéra-Comique*)
I.	0797	Pourquoi me réveiller.	M. **VAN DYCK** (*Opéra*)
O.	4667	Pourquoi me réveiller (avec orchestre).	M. **NUIBO** (*Opéra*)
O.I.	0520	Un autre est son époux.	M. **GAUTIER** (*Opéra-Comique*)

Xavière (Th. DUBOIS)

I.	0001	Air du deuxième acte.	Mme **MARIE THIÉRY** (*Op.-Com.*)

Zampa (HÉROLD)

O.I.	3717	Douce Jouvencelle.	M. **SOULACROIX** (*Opéra-Com.*)
O.I.	1548	D'une haute naissance.	Mme **TANÉSY** (*Opéra*)
O.I.	3716	Que la vague écumante.	M. **SOULACROIX** (*Op.-Com.*)
O.I.	3718	Toi dont la grâce séduisante.	M. **SOULACROIX** (*Op.-Com.*)

Zazà (LEONCAVALLO)

I.	1025	Scène avec l'enfant.	Mlle **JANE MARIGNAN** (*Op.-Com.*)
O.I.	4200	Buona Zazà.	M. **TITTA RUFFO**

Opérettes

Amour mouillé (l') (Varney

Chanté par :

| o.i. | 1553 | P'tit fifi, p'tit mignon. | Mlle MARY BOYER (Op.-Com.) |
| i. | 4515 | P'tit fifi, p'tit mignon (avec orchestre) | Mlle MARY BOYER (Opéra-Com.) |

Barbe-Bleue (Offenbach)

| o.i. | 0552 | Ma première femme est morte. | M. VALLADE (Concerts Lam.) |

Belle Hélène (la) (Offenbach)

| o.i. | 1558 | Dis-moi Vénus. | Mlle MARY BOYER (Op.-Com.) |

Boulangère a des Écus (la) (Cœdes)

| o.i. | 0756 | Duo des Fariniers. | MM. MARÉCHAL (Eldorado) et CHARLUS (Alcazar) |

Bouquetière du Château-d'eau (la) (Lubomirsky)

| o. | 0627 | Madrigal. | M. PICCALUGA (Opéra-Com.) |

Cendrillonnette (Serpette)

| o. | 0545 | Romance. | M. PICCALUGA (Opéra-Com.) |

Cent Vierges (les) (Lecocq)

| o.i.s. | 1589 | O Paris, gai séjour. | Mlle MARY BOYER (Op.-Com.) |

Chanson de Fortunio (la) (Offenbach)

| o.i. | 0891 | Si vous croyez que je vais dire. | Mlle MARY BOYER (Op.-Com.) |

Chercheuse d'esprit (la) (Audran)

| o.i. | 3086 | Romance. | M. PICCALUGA (Op.-Com.) |

Cylindres PATHÉ Dans les commandes il est indispensable d'indiquer les numéros et la dimension des cylindres.

Cloches de Corneville (les) (PLANQUETTE)

Chanté par :

O.I.	0564	Air de la Basse.	M. AUMONIER *(Prix Cons.)*
O.I.	9100	Air du Bailli.	M. DUTREUX *(Conc.-Parisiens)*
O.I.	1568	Chanson du cocher.	M. VALLADE *(Concerts Lam.).*
O.I.S.	0566	J'ai fait trois fois le tour du monde.	M. BOYER *(Op.-Com. et Th. de la Monnaie, Bruxelles)*
O.I.	0567	Je regardais en l'air.	M. VALLADE *(Concerts Lam.)*
O.	4962	Je regardais en l'air (avec orchestre).	M. VAGUET *(Opéra)*
O.I.	1575	Ne parlez pas de mon courage.	Mlle MARY BOYER *(Op.-Com.)*
O.I.	1574	Nous avons hélas perdu.	Mlle MARY BOYER *(Op.-Com.)*
O.I.	1576	Une servante, que m'importe.	M. BOYER *(Op.-Com. et Th. de la Monnaie, Bruxelles).*
O.I.	1580	Une servante, que m'importe.	M. PICCALUGA *(Opéra-Com.)*
O.I.	0565	Va, petit mousse.	M. VALLADE *(Concerts Lam.)*
O.I.	0568	Vive le cidre de Normandie.	Mlle MARY BOYER *(Opéra-Com.)*

Cœur et la Main (le) (LECOCQ)

O.I.	0569	Adjudant et a monture (l')	M. BOYER *(Op.-Com. et Th. de la Monnaie, Bruxelles).*

Cosaque (la) (HERVÉ)

O.I.	3404	Joncs (les).	Mme JUDIC *(Variétés)*

Fanchonnette (la) (CLAPISSON)

O.I.	1973	Quand elle est sage, une fillette.	M. VALLADE *(Concerts Lam.)*

Fauvette du Temple (la) (MESSAGER)

O.I.	0577	Couplets de la casquette.	M. VALLADE *(Concerts Lam.)*
O.I.	0578	Couplets du Parisien.	M. VALLADE *(Concerts Lam.)*
O.I.S.	0692	Duo des Chameliers.	Mme TANÉSY *et* M. CHAMBON *(Opéra)*
O.I.	0543	Hélas! je ne dois plus entendre sa voix.	M. PICCALUGA *(Op.-Com.)*

Femme à Papa (la) (HERVÉ)

Chanté par :

O.I.	**0579**	Couplets du Colonel.	**Mlle MARY BOYER** *(Op.-Com.)*
O.I.	**3400**	Couplets du Colonel.	**Mme JUDIC** *(Variétés)*

Femme de Narcisse (la) (VARNEY)

O.I.S.	**0581**	C'est la fille à ma tante.	**Mlle MARY BOYER** *(Op.-Com.)*

Fille de Mme Angot (la) (LECOCQ)

O.I.S.	**0589**	Ah ! c'est donc toi, Mme Barras.	**Mlle MARY BOYER** *(Op.-Com.)*
O.I.	**0587**	Certainement j'aimais Clairette.	**M. BOYER** *(Op.-Com. et Th. de la Monnaie, Bruxelles)*
O.I.	**0784**	Chœur des Conspirateurs.	
O.I.	**0586**	Elle est tellement innocente.	**M. VALLADE** *(Concerts Lam.)*
O.I.S.	**0584**	Jadis les rois.	**Mlle MARY BOYER** *(Op.-Com.)*
O.I.	**0588**	Marchande de maréc.	**Mlle MARY BOYER** *(Op.-Com.)*

Fille du Tambour-Major (la) (OFFENBACH)

O.I.	**0592**	Je suis la fille.	**Mlle MARY BOYER** *(Op.-Côm.)*
O.I.	**0593**	Nous courons tous après la gloire.	**M. PICCALUGA** *(Op.-Com.)*

François les Bas-Bleus (BERNICAT et MESSAGER)

O.I.	**0599**	A toi j'avais donné ma vie.	**M. BOYER** *(Op.-Com. et Th. de la Monnaie, Bruxelles)*
O.I.S.	**0598**	C'est François les Bas-Bleus.	**M. BOYER** *(Op.-Com. et Th. de la Monnaie, Bruxelles)*
I.	**1734**	C'est François les Bas-Bleus.	**M. J. PÉRIER** *(Op.-Com.)*
O.I.	**1964**	Chanson politique.	**M. BOYER** *(Op.-Com. et Th. de la Monnaie, Bruxelles)*
O.I.	**1519**	Il faut laisser toute espérance.	**M. PICCALUGA** *(Op.-Com.)*
O.I.	**0704**	Plume légère (la) (duo).	**Mlle MARY BOYER** et **M. PICCALUGA** *(Op.-Com.)*

Gamine de Paris (la) (SERPETTE)

O.	**2287**	Je l'aime comme cela.	**M. PICCALUGA** *(Op.-Com.)*
O.	**3076**	Songez-y donc, mademoiselle.	**M. PICCALUGA** *(Op.-Com.)*

Cylindres PATHÉ   Dans les commandes il est indispensable d'indiquer les numéros et la dimension des cylindres.

Geneviève de Brabant (OFFENBACH)

Chanté par :

O.I.	0754	Duo des Hommes d'armes.	MM. MARÉCHAL *(Eldorado) et* CHARLUS *(Alcazar)*

Gillette de Narbonne (AUDRAN)

O.I.	0626	Dans les pays nombreux.	M. PICCALUGA *(Opéra-Com.)*
O.I.	0669	Elle a la figure mutine.	M. PICCALUGA *(Opéra-Com.)*
O.I.	0606	En avant Briquet.	Mlle MARY BOYER *(Opéra-Com.)*
O.I.	0604	Il est un pays sur la terre.	Mlle MARY BOYER *(Opéra-Com.)*
O.I.	0602	Le plaisir nous convie.	M. BOYER *(Opéra-Com. et Th. de la Monnaie, Bruxelles)*
O.I.	2870	Rappelez-vous (duo).	Mlle MARY BOYER *et* M. PICCALUGA *(Opéra-Comiq.)*

Giroflé-Girofla (LECOCQ)

O.I.	1979	Couplets d'entrée du 1er acte.	M. VALLADE *(Conc. Lamoureux)*
O.	0610	Je vous présente un père.	M. MARÉCHAL *(Eldorado)*
O.I.	0611	Ma belle Girofla.	M. BOYER *(Opéra-Com. et Th. de la Monnaie, Bruxelles)*
O.I.	0612	Nos ancêtres étaient sages.	M. VALLADE *(Conc. Lamoureux)*
O.I.	1978	Petit papa.	Mlle MARY BOYER *(Opéra-Com.)*
O.I.	0614	Punch scintille (le) (brindisi).	Mlle MARY BOYER *(Opéra-Com.)*

Grand Mogol (le) (AUDRAN)

O.I.	0582	Au moment de te marier.	M. PICCALUGA *(Opéra-Comiq.)*
O.I.	0707	Dans ce beau palais de Delhi (duo).	Mlle MARY BOYER *et* M. PICCALUGA *(Opéra-Com.)*
O.I.	0616	Gentils petits serpents.	Mlle MARY BOYER *(Opéra-Com.)*
O.I.	0557	Petite sœur.	M. PICCALUGA *(Opéra-Comiq.)*
O.I.	0619	Petit vin de Suresnes (le).	Mlle MARY BOYER *(Opéra-Com.)*
O.I.	1984	Un antique et fort vieil adage.	M. VALLADE *(Conc. Lamoureux)*

Jolie Parfumeuse (la) (OFFENBACH)

O.I.	2012	Je suis chatouilleuse.	Mlle MARY BOYER *(Opéra-Com.)*

Joséphine vendue par ses sœurs (V. ROGER)

O.I.	0554	Je ne vois que vous seule.	M. PICCALUGA *(Opéra-Comiq.)*
O.I.	2001	Sérénade.	M. PICCALUGA *(Opéra-Comiq.)*

Cylindres PATHÉ Les lettres O. I. S., placées devant chaque numéro, indiquent que le cylindre existe en dimension « O » ordinaire, « I » inter, « S » stentor.

Jour et la Nuit (le) (LECOCQ)

Chanté par :

O.I.	0622	Portugais sont toujours gais (les).
O.I.	0621	Si c'est là ce qu'on appelle aimer.

M. MARÉCHAL *(Eldorado)*

M. PICCALUGA *(Opéra-Com.)*

Lili (HERVÉ)

O.I.	3403	Quès aco.	Mme JUDIC *(Variétés)*

Lischen et Fritzchen (OFFENBACH)

O.I.	0708	Je suis Alsacienne (duo).	Mlle MARY BOYER *(Opéra-C.)* et M. VALLADE *(Conc. Lamoureux)*

Madame Favart (OFFENBACH)

O.I.	0623	C'est la lumière, c'est la flamme.	M. PICCALUGA *(Opéra-Com.)*
O.I.S.	0629	C'est la lumière, c'est la flamme.	M. BOYER *(Opéra-Com. et Th. de la Monnaie, Bruxelles)*
O.I.	0630	Couplets de l'Échaudé.	M. BOYER *(Opéra-Com. et Th. de la Monnaie, Bruxelles)*
O.I.	2093	Ma mère aux vignes.	Mlle MARY BOYER *(Opéra-Com.)*

Mam'zelle Carabin (PESSARD)

O.	1934	Valse chantée.	Mlle MARY BOYER *(Opéra-Com.)*
O.	1935	C'est en plein décembre	Mlle MARY BOYER *(Op.-Com.)*
O.	1937	C'est en plein décembre	M. PICCALUGA *(Opéra-Com.)*

Mam'zelle Nitouche (HERVÉ)

O.I.	0632	Babet et Cadet (chanson).	Mlle MARY BOYER *(Opéra-Com.)*
O.I.	3405	Babet et Cadet (chanson).	Mme JUDIC *(Variétés)*
O.I.	2941	Duo du soldat de plomb.	MM. MARÉCHAL *(Eldorado)* et CHARLUS *(Alcazar)*

Marjolaine (la) (LECOCQ)

O.I.	2224	Couplets.	Mlle MARY BOYER *(Opéra-Com.)*

Mascotte (la) (AUDRAN)

O.I.S.	0640	Air de Saltarello.	M. BOYER *(Opéra-Com. et Th. de la Monnaie, Bruxelles)*
O.I.	3112	Air de Saltarello.	M. PICCALUGA *(Opéra-Com.)*
O.I.	0542	Ces envoyés du Paradis.	M. PICCALUGA *(Opéra-Com.)*

Cylindres PATHÉ **Dans les commandes il est indispensable d'indiquer les numéros et la dimension des cylindres.**

Chanté par :

O.I.	0635	Ces envoyés du Paradis.	M. BOYER *(Opéra-Com. et Th. de la Monnaie, Bruxelles)*
O.	0636	Couplets des Présages.	M. MARÉCHAL *(Eldorado)*
O.I.S.	0709	Duo des Dindons.	Mlle MARY BOYER *et* M. PICCALUGA *(Op.-Comique)*
O.I.S.	0637	Grand singe d'Amérique (le).	Mlle MARY BOYER *(Opéra-Com.)*
O.I.	2226	Je touche au but.	M. PICCALUGA *(Op.-Comique)*
O.I.S.	2227	N'avancez pas ou je tape.	Mlle MARY BOYER *(Opéra-Com.)*
O.I.	2229	Que je regrette mon village.	Mlle MARY BOYER *(Opéra-Com.)*
O.I.	2898	Quelle tournure (duo).	Mlle MARY BOYER *et* M. PICCALUGA *(Op.-Comique)*
O.I.	2234	Un jour un brave capitaine.	Mlle MARY BOYER *(Op.-Com.)*

Miss Helyett (AUDRAN)

O.I.	1474	Ah! quel superbe point de vue (duo).	MM. PICCALUGA *(Op.-Comique)* et VALLADE *(Concerts Lam.)*
O.I.	0553	Ce qui donne.	M. PICCALUGA *(Op.-Comique)*
I.	2221	Couplets de Miss Helyett.	Mlle MARY BOYER *(Opéra-Com.)*
O.I.	0642	Pour peindre une beauté parfaite.	M. PICCALUGA *(Op.-Comique)*
O.I.	2223	Que ne puis-je la rencontrer.	M. PICCALUGA *(Op.-Comique)*
O.I.S.	0714	Vous êtes bien ainsi (duo).	Mlle MARY BOYER *(Op.-Com.)* et M. BOYER *(Op.-Com. et Th. de la Monnaie, Bruxelles)*

Mousquetaires au Couvent (les) (VARNEY)

O.I.	3090	Amour n'est pas, quoi qu'on en dise (l').	M. PICCALUGA *(Op.-Comique)*
O.I.	2235	Couplets de la curieuse.	Mlle MARY BOYER *(Opéra-Com.)*
O.	4979	Il serait vrai (av. orch.).	M. VAGUET *(Opéra)*
O.	0644	Je suis l'abbé Bridaine.	M. MARÉCHAL *(Eldorado)*
O.I.	9118	Je suis l'abbé Bridaine.	M. DUTREUX *(Conc. Parisiens)*
O.I.S.	0643	Pour faire un brave mousquetaire.	M. BOYER *(Op.-Com. et Th. de la Monnaie, Bruxelles)*
O.I.	3092	Pour faire un brave mousquetaire.	M. PICCALUGA *(Op.-Comique)*
O.	0646	Romance de la lettre.	M. VALLADE *(Concerts Lam.)*
O.I.	0645	Suis-je gris vraiment ?	M. BOYER *(Op.-Com. et Th. de la Monnaie, Bruxelles)*
O.I.	3091	Suis-je gris vraiment ?	M. PICCALUGA *(Op.-Comique)*
O.I.	2236	Valse de la lettre.	Mlle MARY BOYER *(Opéra-Com.)*

Orphée aux Enfers (OFFENBACH)

Chanté par :

O.	**4869**	Couplets du Roi de Béotie (avec orchestre).	**M. VAGUET** *(Opéra)*
O.I.	**0659**	Quand j'étais roi de Béotie.	**M. VALLADE** *(Concerts Lam.)*

Panurge (PLANQUETTE)

O.I.	**0649**	Berceuse.	**M. BOYER** *(Op.-Com. et Th. de la Monnaie, Bruxelles)*
O.I.	**3725**	Berceuse.	**M. SOULACROIX** *(Opéra-Com.)*
O.I.	**3726**	Chanson à boire.	**M. SOULACROIX** *(Opéra-Com.)*

Périchole (la) (OFFENBACH)

O.I.	**0652**	Air de la Lettre	**Mlle MARY BOYER** *(Opéra-Com.)*

Petit Duc (le) (LECOCQ)

O.I.	**0654**	Chanson du petit bossu.	**M. BOYER** *(Op.-Com. et Th. de la Monnaie, Bruxelles)*
O.I.	**0655**	Couplets des œufs.	**Mlle MARY BOYER** *(Opéra-Com.)*
O.I.	**0658**	Enfin nous voici	**Mlle MARY BOYER** *(Opéra-Com.)*
O.I.	**0653**	Vous menacer.	**M. BOYER** *(Op.-Com. et Th. de la Monnaie, Bruxelles)*

Petit Faust (le) (HERVÉ)

I.	**3073**	Air des 4 Saisons	**Mme MARG. MORTAGNE** *(prof. de chant)*
O.I.	**2249**	Fleur de candeur.	**Mlle MARY BOYER** *(Opéra-Com.)*
O.I.	**2253**	Rondo de Méphisto.	**Mlle MARY BOYER** *(Opéra-Com.)*

Petite Mariée (la) (LECOCQ)

O.I.	**0663**	Donnez-moi votre main.	**M. BOYER** *(Op.-Com. et Th. de la Monnaie, Bruxelles)*
O.I.	**0729**	Duo du Rossignol.	**Mlle MARY BOYER** *et* **M. PICCALUGA** *(Opéra-Com.)*
O.I.	**0660**	Le jour où tu te marieras.	**M. BOYER** *(Op.-Com. et Th. de la Monnaie, Bruxelles)*
O.I.	**0661**	Vraiment est-ce là la mine.	**M. BOYER** *(Op.-Com. et Th. de la Monnaie, Bruxelles)*

Petites Michu (les) (MESSAGER)

O.	**0544**	Madrigal.	**M. PICCALUGA** *(Opéra-Com.)*

Cylindres PATHÉ Dans les commandes il est indispensable d'indiquer les numéros et la dimension des cylindres.

Rip (PLANQUETTE)

Chanté par :

O.I.	3236	Chœur des Bûcherons.	
O.I.	0670	Couplets de la paresse.	M. PICCALUGA *(Opéra-Com.)*
O.I.	3723	Couplets de la paresse.	M. SOULACROIX *(Opéra-Com.)*
O.I.	3724	Romance des enfants.	M. SOULACROIX *(Opéra-Com.)*

Roussotte (la) (HERVÉ)

O.I.	3402	Mes amoureux.	Mme JUDIC *(Variétés)*
O.I.	2267	Pi-houit !	Mlle MARY BOYER *(Opéra-Com.)*
O.I.	3401	Pi-houit !	Mme JUDIC *(Variétés)*

Surcouf (PLANQUETTE)

O.I.	0541	Chacun le voit à ma mine.	M. PICCALUGA *(Op.-Com.)*
O.I.	0743	Duo de Gargousse et Flageolet.	MM. MARÉCHAL *(Eldorado)* et CHARLUS *(Alcazar)*

Véronique (MESSAGER)

I.	1729	Air de la lettre.	M. J. PÉRIER *(Opéra-Com.)*

Vingt-huit jours de Clairette (les) (V. ROGER)

O.I.S.	0749	Duo de Gibard et Michonnet.	MM. MARÉCHAL *(Eldorado)* et CHARLUS *(Alcazar)*

Violoneux (le) (OFFENBACH)

I.	0515	Ronde.	M. BOYER *(Op.-Com. et Th. de la Monnaie, Bruxelles)*
O.I.	3111	Ronde.	M. PICCALUGA *(Op.-Com.)*

DUOS

Opéras

Opéras-Comiques

Barbier de Séville (le) (ROSSINI)

Chanté par :

| O.I. | **2699** | Duo du 1ᵉʳ acte. | **MM. GAUTIER** *et* **BOYER** |

Carmen (BIZET)

O.I.	**0681**	Je suis Escamillo.	**MM. GAUTIER** *et* **WEBER**
O.I.	**0768**	Je suis Escamillo.	**MM. GAUTIER** *et* **BOYER**
O.I.	**2318**	Ma mère, je la revois.	**Mˡˡᵉ MARYBOYER** *et* **M. GAUTIER**
I.	**4617**	Ma mère, je la revois (avec orchestre).	**Mˡˡᵉ MARY BOYER** *et* **M. GAUTIER**
O.	**4611**	Si tu m'aimes (av. orch.).	**Mˡˡᵉ JANE MARIGNAN** *et* **M. VIANNENC**

Chalet (le) (ADAM)

| O.I. | **0682** | Il faut me céder ta maîtresse. | **MM. VALLADE** *et* **AUMONIER** |

Charles VI (HALÉVY)

| O. | **2319** | Gentille Odette. | **Mᵐᵉ TANÉSY** *et* **M. VALLADE** |

Dame Blanche (la) (BOIELDIEU)

| O. | **2709** | Il s'éloigne. | **Mˡˡᵉ MARY BOYER** *et* **M. VALLADE** |

Cylindres PATHÉ   Dans les commandes il est indispensable d'indiquer les numéros et la dimension des cylindres.

Don Juan (Mozart)

Chanté par :
Mlle MARY BOYER et
M. PICCALUGA

O.I.	0687	Là, devant Dieu.

Dragons de Villars (les) (Maillart)

O.I.	0690	Allons, ma chère.	**Mlle MARY BOYER** et **M. BOYER**
O.I.	0689	Moi, jolie.	**Mlle MARY BOYER** et **M. GAUTIER**
I.	4618	Moi, jolie (avec orchestre).	**Mlle MARY BOYER** et **M. GAUTIER**

Faust (Gounod)

O.I.	0693	A moi les plaisirs.	**MM. GAUTIER** et **AUMONIER**
I.S.	3758	Entrée de Méphisto, 1er acte.	**MM. VAGUET** et **GRESSE**
I.S.	3759	Entrée de Méphisto, 1er acte (suite).	**MM. VAGUET** et **GRESSE**
I.S.	3763	Fragment du 2e acte.	**Mme JANE MÉREY** et **M. VAGUET**
O.I.	0694	Laisse-moi contempler ton visage.	**Mme TANÉSY** et **M. VALLADE**
O.I.	0730	Laisse-moi contempler ton visage.	**Mme TANÉSY** et **M. AFFRE**

Favorite (la) (Donizetti)

I.S.	3764	Duo du 1er acte.	**MM. VAGUET** et **GRESSE**
O.I.	2734	Ne vas-tu pas ?	**MM. GAUTIER** et **AUMONIER**
O.I.	0695	Viens dans une autre patrie.	**Mme TANÉSY** et **M. VALLADE**

Fille du Régiment (la) (Donizetti)

O.	0205	La voilà ! La voilà ! (avec orchestre).	**Mlle KORSOFF** et **M. BELHOMME**
O.I.	0700	La voilà, morbleu qu'elle est gentille.	**Mme TANÉSY** et **M. FOURNETS**

Flûte Enchantée (la) (Mozard)

I.	2030	Ton cœur m'attend.	**Mme JANE MÉREY** et **M. PICCALUGA**
O.I.	0701	Ton cœur m'attend.	**Mlle MARY BOYER** et **M. PICCALUGA**

Galathée (V. MASSÉ)

o.   **2867**   Ganymède, c'est toi que
                          j'aime.

Chanté par :

Mlle **MARY BOYER** *et*
M. **VALLADE**

Guillaume Tell (ROSSINI)

o.   **0725**   Doux aveu, ce tendre
                          langage.

Mlle **MARY BOYER** *et*
M. **VALLADE**

Hamlet (A. THOMAS)

o.1.   **0702**   Doute de la lumière.   Mlle **MARY BOYER** *et* M. **WEBER**

Huguenots (les) (MEYERBEER)

o.1.   **2864**   Tu l'as dit, oui tu m'aimes.   Mme **TANÉSY** *et* M. **VALLADE**

Juive (la) (HALÉVY)

o.1.   **0726**   Ta fille en ce moment.   MM. **GAUTIER** *et* **AUMONIER**

Lakmé (LÉO DELIBES)

o.1.   **0705**   C'est le Dieu de la
                          jeunesse.   Mlle **MARY BOYER** *et* M. **GAUTIER**

Manon (MASSENET)

I.s.   **0674**   Lettre (la).   Mme **MARG. CARRÉ** *et* M. **BEYLE**
I.s.   **0673**   Rencontre (la).   Mme **MARG. CARRÉ** *et* M. **BEYLE**

Mignon (A. THOMAS)

o.1.   **0710**   Duo des Hirondelles.   Mlle **MARY BOYER** *et*
                                                    M. **AUMONIER**

o.1.   **2910**   Je suis heureuse.   Mlle **MARY BOYER** *et* M. **GAUTIER**

Mireille (GOUNOD)

o.1.   **0712**   O Magali !   Mlle **MARY BOYER** *et* M. **GAUTIER**
1.   **4619**   O Magali ! (avec orchestre).   Mlle **MARY BOYER** *et* M. **GAUTIER**
I.s.   **0683**   Vincenette à votre âge.   Mlle **MARY BOYER** *et* M. **BEYLE**
o.1.   **0711**   Vincenette à votre âge.   Mlle **MARY BOYER** *et* M. **GAUTIER**

Cylindres PATHÉ   Dans les commandes il est indispensable d'indi
                       quer les numéros et la dimension des cylindres.

Muette de Portici (la) (AUBER)

Chanté par :

O.I.   0698   Amour sacré.   **MM. GAUTIER** *et* **BOYER**

Paul et Virginie (V. MASSÉ)

O.I.   2984   Par le ciel qui m'attend.   **Mme TANÉSY** *et* **M. VALLADE**

Pêcheurs de Perles (les) (BIZET)

O.I.   0722   Oui, c'est elle, c'est la
                 déesse.   **MM. GAUTIER** *et* **BOYER**

Postillon de Longjumeau (ADAM)

O.I.   0736   Quoi tous les deux.   **Mlle MARY BOYER** *et*
                                              M.   VALLADE

Pré aux Clercs (le) (HÉROLD)

O.I.   0732   Rendez-vous de noble
                 compagnie (les).   **Mlle MARY BOYER** *et*
                                              M.   AUMONIER

Reine de Chypre (la) (HALÉVY)

O.I.   0740   Triste exilé.   **MM. GAUTIER** *et* **BOYER**

Richard Cœur-de-Lion (GRÉTRY)

O.I.   0741   D'une fièvre brûlante.   **MM. GAUTIER** *et* **WEBER**
O.I.   0769   D'une fièvre brûlante.   **MM. GAUTIER** *et* **BOYER**

Robert le Diable (MEYERBEER)

O.I.   0747   Ah ! l'honnête homme
                 (fragment du duo).   **MM. GAUTIER** *et* **AUMONIER**
I.S.   3852   Ah ! l'honnête homme
                 (fragment du duo).   **MM. VAGUET** *et* **AUMONIER**

Cylindres PATHÉ   Les lettres O. I. S., placées devant chaque numéro, indiquent
que le cylindre existe en dimension « O » ordinaire, « I » inter,
« S » stentor.

Roi d'Ys (le) (E. LALO)

Chanté par :

I.S.	**0672**	A l'autel j'allais rayonnant.	**Mme MARG. CARRÉ** *et* **M. BEYLE**
O.I.	**2996**	A l'autel j'allais rayonnant.	**Mlle MARY BOYER** *et* **M. GAUTIER**
O.I.	**2997**	Dans un rival je trouve un fils.	**MM. FOURNETS** *et* **PICCALUGA**

Roméo et Juliette (GOUNOD)

O.I.	**2992**	Duo du 1er acte.	**Mlle MARY BOYER** *et* **M. GAUTIER**
I.S.	**3762**	Fragment du 3e acte.	**Mme JANE MÉREY** *et* **M. VAGUET**
I.S.	**3761**	Madrigal.	**Mme JANE MÉREY** *et* **M. VAGUET**
O.I.	**2991**	Nuit d'hyménée.	**Mlle MARY BOYER** *et* **M. GAUTIER**

Sapho (MASSENET)

O.I.	**3063**	Duo du 3e acte.	**Mme TANÉSY** *et* **M. VALLADE**

Sigurd (REYER)

O.I.	**0731**	Duo de la fontaine.	**Mme TANÉSY** *et* **M. AFFRE**
O.I.	**3059**	Duo de la fontaine.	**Mme TANÉSY** *et* **M. VALLADE**

Si j'étais Roi (ADAM)

O.I.S.	**0750**	Arrêtons-nous.	**Mlle MARY BOYER** *et* **M. BOYER**

Traviata (la) (VERDI)

O.I.	**3069**	Loin de Paris (duo du 4e acte).	**Mlle MARY BOYER** *et* **M. GAUTIER**

Trouvère (le) (VERDI)

O.I.	**0262**	O ma Patrie !	**Mme TANÉSY** *et* **M. VALLADE**

Vie de Bohême (la) (PUCCINI)

O.I.	**0752**	Adieu le réveil (duo du 4e acte).	**MM. GAUTIER** *et* **BOYER**
O.I.	**4260**	O Mimi tu più non torni.	**MM. TITTA RUFFO** *et* **BASSI**

Voyage en Chine (le) (BAZIN)

O.	**3074**	Oui, mon cœur est à toi.	**Mlle MARY BOYER** *et* **M. VALLADE**

Cylindres PATHÉ   **Dans les commandes il est indispensable d'indiquer les numéros et la dimension des cylindres.**

Opérettes

Boulangère a des Écus (la) (Cœdes)

Chanté par :

O.I.   0756   Duo des Fariniers.   MM. MARÉCHAL *et* CHARLUS

Fauvette du Temple (la) (Messager)

O.I.S.   0692   Duo des Chameliers.   Mme TANÉSY *et* M. CHAMBON

François les Bas-Bleus (Bernicat et Messager)

O.I.   0704   Plume légère (la).   Mlle MARY BOYER *et*
                                                  M. PICCALUGA

Geneviève de Brabant (Offenbach)

O.I.   0754   Duo des hommes d'armes.   MM. MARÉCHAL *et* CHARLUS

Gillette de Narbonne (Audran)

O.I.   2870   Rappelez-vous.   Mlle MARY BOYER *et*
                                                  M. PICCALUGA

Grand Mogol (le) (Audran)

O.I.   0707   Dans ce beau palais de
                      Delhi.   Mlle MARY BOYER *et*
                                                  M. PICCALUGA

Lischen et Fritzchen (Offenbach)

O.I.   0708   Je suis Alsacienne.   Mlle MARY BOYER *et*
                                                  M. VALLADE

Mam'zelle Nitouche (Hervé)

O.I.   2941   Duo du Soldat de plomb.   MM. MARÉCHAL *et* CHARLUS

Mascotte (la) (Audran)

O.I.S.   0709   Duo des Dindons.   Mlle MARY BOYER *et*
                                                  M. PICCALUGA
O.I.   2898   Quelle tournure.   Mlle MARY BOYER *et*
                                                  M. PICCALUGA

Cylindres PATHÉ — Les lettres O. I. S., placées devant chaque numéro, indiquent que le cylindre existe en dimension « O » ordinaire, « I » inter, « S » stentor.

Miss Helyett (Audran)

Chanté par :

| o.i. | 1474 | Ah! quel superbe point de vue. | MM. PICCALUGA *et* VALLADE |
| o.i.s. | 0714 | Vous êtes bien ainsi. | Mlle MARY BOYER *et* M. BOYER |

Petite Mariée (la) (Lecocq)

| o.i. | 0729 | Duo du Rossignol. | Mlle MARY BOYER *et* M. PICCALUGA |

Surcouf (Planquette)

| o.i. | 0743 | Duo de Gargousse et Flageolet. | MM. MARÉCHAL *et* CHARLUS |

Vingt-huit jours de Clairette (les) (V. Roger)

| o.i.s. | 0749 | Duo de Gibard et Michonnet. | MM. MARÉCHAL *et* CHARLUS |

Duos Religieux

| o.i. | 3189 | Ave Maria (Mozart). | MM. PICCALUGA *et* VALLADE |

Crucifix (le) (Faure)

| o.i. | 0686 | Vous qui pleurez, venez à Dieu. | MM. GAUTIER *et* WEBER |
| i.s. | 3760 | Vous qui pleurez, venez à Dieu. | MM. VAGUET *et* BOUVET |

TRIOS

Chalet (le) (ADAM)

O.I.   **0757** Soutiens mon bras.

Faust (GOUNOD)

O.I.   **0758** Trio du Duel.
O.I.   **0759** Trio final.

Robert le Diable (MEYERBEER)

O.   **0766** Trio (sans accompagnement).

QUATUOR

Galathée (V. MASSÉ)

O.   **0774** Quatuor.

CHŒURS

Opéras

Opéras-Comiques

Africaine (l') (MEYERBEER)

O.I.   **0778**   Chœur des Évêques.

Arlésienne (l') (BIZET) (*Drame lyrique*)

O.I.   **0779**   Marche des Rois.

Deux Avares (les) (GRÉTRY)

O.I.   **0780**   Chœur.

Faust (GOUNOD)

O.I.   **0782**   Chœur des Soldats.
I.   **3055**   Chœur des Soldats (avec orchestre).
I.   **4603**   Chœur des Soldats (avec
                     orchestre).   *Les* **CHŒURS** *de l'Opéra*
I.   **0783**   Chœur des Vieillards.
O.I.   **3216**   Chœur du 1er acte.
O.I.   **0781**   Choral des Épées.

Guillaume Tell (ROSSINI)

I.   **4601**   Chœur des Pâtres (avec
                     orchestre).   *Les* **CHŒURS** *de l'Opéra*

Cylindres PATHÉ **Dans les commandes il est indispensable d'indiquer les numéros et la dimension des cylindres.**

Huguenots (les) (Meyerbeer)

I.	**4600**	Bénédiction des Poignards (avec orchestre).
O.I.	**3218**	Chœur du Couvre-Feu.
O.I.	**3217**	Chœur du Serment.
O.I.	**0786**	Conjuration des Poignards.

Les **CHŒURS** *de l'Opéra*

Mignon (A. Thomas)

O.I.	**3238**	Chœur des Buveurs.

Robert le Diable (Meyerbeer)

O.I.	**0789**	Chœur des Moines.

Robin des Bois (Weber)

O.I.	**0790**	Chœur des Chasseurs.

Songe d'une nuit d'été (le) (A. Thomas)

O.I.	**0792**	Chœur des Gardes-Chasses.

Tannhäuser (le) (Wagner)

O.I.	**0793**	Chœur des Pèlerins.

Voyage en Chine (le) (Bazin)

O.I.	**2940**	Chœur du Cidre.

Opérettes

Fille de Mme Angot (la) (Lecocq)

O.I.	**0784**	Chœur des Conspirateurs.

Rip (Planquette)

O.I.	**3236**	Chœur des Bûcherons.

Cylindres PATHÉ   Les lettres O. I. S., placées devant chaque numéro, indiquent que le cylindre existe en dimension « O » ordinaire, « I » inter, « S » stentor.

CHŒURS DIVERS

o.	**3220**	Beau Danube bleu (le) (STRAUSS).
o.i.	**0803**	Chant du départ (le) (MÉHUL).
o.i.	**3237**	Chanteur des Bois (L. RILLÉ).
o i.	**2114**	Chants pour le peuple « Les Enfants de Paris » (E. CHIZAT). chanté par **M. MARÉCHAL** (avec *Chœurs de l'Opéra-Comique*).
o.i.	**2115**	Chants pour le peuple « Ronde du Pâtissier blanc » (E. CHIZAT) chanté par **M. MARÉCHAL** (avec *Chœurs de l'Opéra-Comique*).
o.i.	**0806**	Estudiantina (LACÔME).
o.i.	**0807**	Hymne Russe.
o.i.	**0809**	Montagnards (les) (ROLAND).

Chant National Français

o.i.	**0808**	Marseillaise (la) (ROUGET DE L'ISLE).
i.	**3051**	Marseillaise (la) (ROUGET DE L'ISLE) (*avec orchestre*).
i	**4602**	Marseillaise (la) (ROUGET DE L'ISLE) (*Orchestration officielle de Berlioz, chanté par les* **CHŒURS** *de l'Opéra, avec orchestre*).

MÉLODIES ET ROMANCES

Chanté par :

O.I.	3093	Accordez-moi votre pitié (G. Rupès).	M. **PICCALUGA** (*Op.-Com.*)
O.I.	2058	Adieu (l') (Tosti).	M. **AUMONIER** (*Prix Cons.*)
I.	3075	Ai-je fait un rêve ? (Schumann).	Mme **MARG. MORTAGNE** (*Professeur de chant*)
I.	2073	Aimer (E. Domergue).	Mme **JANE MÉREY** (*Op.-Com.*)
I.	1542	Aime-moi (H. Bemberg).	Mlle **KELLOR** (*Alhambra*)
I.	2072	Aime-moi (H. Bemberg).	Mme **JANE MÉREY** (*Op.-Com.*)
O.I.	3083	Aimer sans être aimé (C. Cimino).	M. **PICCALUGA** (*Op.-Com.*)
I.	0811	Aimons-nous (L. Farjall).	M. **NORIAC** (*Concerts Parisiens*)
I.	4522	Aimons-nous (avec orchestre) (L. Farjall).	M. **VAGUET** (*Opéra*)
O.I.	0852	Alleluia d'amour (Faure).	M. **BOYER** (*Op.-Com. et Th. de la Monnaie, Bruxelles*)
O.I.	1783	Alleluia d'amour (Faure).	M. **AUMONIER** (*Prix Cons.*)
I.S.	2292	Alleluia d'amour (Faure).	Mme **CHRÉTIEN-VAGUET** (*Opéra*)
O.I.	3630	Alleluia d'amour (Faure).	M. **FOURNETS** (*Op. et Op.-Com.*)
I.	1612	Allons Madelon (chanson) (Blon et Fattorini).	M. **MERCADIER** (*Eldorado*)
I.S.	1871	Allons Ninon (sérénade) (H. de Leva).	Mlle **ANNA THIBAUD** (*Conc. Par.*)
O.	4925	Allons tous les deux (avec orchestre) (J. Szulé).	M. **VAGUET** (*Opéra*)
I.	2300	A ma fiancée (Schumann).	Mme **CHRÉTIEN-VAGUET** (*Opéra*)
I.	3067	A ma fiancée (Schumann).	Mlle **MARG. MORTAGNE** (*Professeur de chant*)
O.	4973	Ame des fleurs (l') (avec orchestre) (Massenet).	M. **VAGUET** (*Opéra*)
O.I.	1350	Ami que j'aime (l') (avec flûte) (A. Petit).	Mlle **MARY BOYER** (*Op.-Com.*)
O.I.	2987	Amour d'automne (Chaminade).	M. **LASSALLE** (*Opéra*)
O.I.S.	1040	Amoureuse (R. Berger).	Mlle **MARY BOYER** (*Op.-Com.*)
I.	1097	An d'Amour (l') (L. Collin).	M. **PICCALUGA** (*Op.-Com.*)
O.I.	2045	An d'Amour (l') (L. Collin).	M. **BONAFÉ** (*Lauréat du Cons.*)
O.I.	4626	Ange blond (avec orchestre) (L. Farjall).	M. **MARÉCHAL** (*Eldorado*)

Chanté par :

O.I.S.	0854	Angelus de la mer (l') (GOUBLIER).	M. WEBER (*Théâtre Lyrique*)
O.I.	0850	Anneau d'Argent (l') (CHAMINADE).	M. WEBER (*Théâtre lyrique*)
I.	1730	A nous deux (PIERNÉ).	M. J. PÉRIER (*Opéra-Comique*)
O.I.	1789	Apaisement (FLÉGIER).	M. AUMONIER (*Prix Conserv.*)
O.I.	4262	A Sera ! (Barcarola) (PAOLO TOSTI).	M. SOTTOLANA
O.I.	3084	A Toi (P. LEBRUN).	M. PICCALUGA (*Opéra-Com.*)
O.I.	2879	Au loin (SCHUMANN).	M. LASSALLE (*Opéra*)
O.	4921	Au petit jour du matin (avec orchestre) (DORET)	M. VAGUET (*Opéra*)
O.	0131	Aux Hirondelles (E. CHIZAT)	M. MAGNENAT
O.I.	4634	Avec ton souvenir (avec orchestre) (GUTTINGUER).	M. MARÉCHAL (*Eldorado*)
O.I.	4286	Ave Maria (l') (PAOLO TOSTI).	M. PAOLO WULMAN
O.I.	3103	Aveu (l') (LIONNET).	M. PICCALUGA (*Opéra-Com.*)
O.	4977	Berceuse (avec orchestre (LÉVADÉ).	M. VAGUET (*Opéra*)
O.I.	0879	Berceuse bleue (YANN NIBOR).	M. WEBER (*Théâtre Lyrique*)
I.	3668	Berceuse d'Amour (P. DELMET).	M. VAGUET (*Opéra*)
O.I.S.	0873	Biniou (le) (avec orchestre) (E. DURAND).	M. MARÉCHAL (*Eldorado*)
I.S.	1626	Biniou (le) (E. DURAND).	M. ALVAREZ (*Opéra de Paris*)
O.I.	1763	Biniou (le) (E. DURAND).	Mme MIETTE (*Scala*)
O.I.S.	0875	Bœufs (les) (P. DUPONT).	M. AUMONIER (*Prix Conserv.*)
I.S.	1664	Bœufs (les) (P. DUPONT).	M. ALVAREZ (*Opéra de Paris*)
O.I.	3444	Bœufs (les) (P. DUPONT).	M. MARÉCHAL (*Eldorado*)
O.I.	0898	Bon Guide (le) (WOLFF).	M. AUMONIER (*Prix Conserv.*)
O.I.	1098	Bon Guide (le) (WOLFF).	M. PICCALUGA (*Opéra-Com.*)
I.	1526	Bon Guide (le) (WOLFF).	Mlle KELLOR (*Alhambra*)
I.S.	1647	Bonjour Suzon (E. PESSARD).	M. ALVAREZ (*Opéra de Paris*)
O.I.S.	1597	Bonjour Suzon (E. PESSARD).	M. MERCADIER (*Eldorado*)
I.	0818	Bonsoir Madame la Lune (avec orchestre) (MARINIER).	M. NORIAC (*Concerts Parisiens*)
O.I.S.	1717	Bonsoir Madame la Lune (MARINIER).	M. MERCADIER (*Eldorado*)
I.	2066	Bouquet (le) (J. CLÉRICE).	Mme JANE MÉREY (*Opéra-Com.*)
I.	3674	Bouquet (le) (J. CLÉRICE).	M. VAGUET (*Opéra*)
I.	4523	Bouquet (le) (avec orchestre) (J. CLÉRICE).	M. VAGUET (*Opéra*)
O.I.	2279	Brin de vie (FRAGSON).	M. WEBER (*Th. Lyrique*)
I.	1616	Cantique aux Etoiles (RAPHAËL MAY et FATTORINI)	M. MERCADIER (*Eldorado*)

Cylindres PATHÉ   Dans les commandes il est indispensable d'indiquer les numéros et la dimension des cylindres.

Chanté par :

O.I.	3161	Carriers (les) (P. Dupont).	M. CHAMBON (*Opéra*)
I.	0810	Ce matin-là (J. Darien).	M. NORIAC (*Concerts Parisiens*)
I.	2055	Ce matin-là (J. Darien).	Mme JANE MÉREY (*Opéra-Com.*)
I.	4532	Ce matin-là (avec orchestre) (J. Darien).	M. VAGUET (*Opéra*)
I.	4521	Ce que dit la brise (avec orchestre) (Wekerlin).	M. VAGUET (*Opéra*)
O.I.S.	0904	Ce que j'aime (Dassier).	M. MARÉCHAL (*Eldorado*)
O.I.	3868	Ce soir (G. Maquis).	M. MARÉCHAL (*Eldorado*)
I.	3648	C'est mon Ami (vieille chanson tirée des "Chansons de nos Pères", 1773) (Marie-Antoinette).	M. VAGUET (*Opéra*)
O.I.S.	1606	C'était un rêve.	M. MERCADIER (*Eldorado*)
O.I.S.	3536	Chanson (Marty).	M. VAGUET (*Opéra*)
I.	4300	Chanson de l'Adieu (Paolo Tosti).	M. MARIO ANCONA (*Covent-Garden de Londres*)
I.	0821	Chanson de l'Espérance (la) (avec orchestre) (Charton)	M. NORIAC (*Concerts Parisiens*)
O.I.	0899	Chanson de Florian (B. Godard).	Mme TANÉSY (*Opéra*)
I.	0051	Chanson de Marinette (la) (Tagliafico).	Mme MARIE LAFARGUE (*Opéra*)
O.I.S.	0910	Chanson de Marinette (la) (Tagliafico).	M. BOYER (*Opéra-Com. et Th. de la Monnaie, Bruxelles.*)
O.I.	2065	Chanson de Marinette (la) (Tagliafico).	M. AUMONIER (*Prix Cons.*)
O.I.	3604	Chanson de Marinette (la) (Tagliafico).	M. FOURNETS (*Op. et Op.-C.*)
I.	1732	Chanson de musette (la) (Thomé).	M. J. PÉRIER (*Opéra-Comique*)
O.I.S.	0918	Chanson des peupliers (la) (Doria).	M. WEBER (*Théâtre Lyrique*)
O.I.S.	1088	Chanson des peupliers (la) (Doria).	M. BOYER (*Op.-Com. et Th. de la Monnaie, Bruxelles*)
O.I.S.	2743	Chanson des peupliers (la) (Doria).	M. NOTÉ (*Opéra*)
I.	3665	Chanson du Baiser (I. de Lara).	M. VAGUET (*Opéra*)
O.I.	0881	Chanson du Semeur (la) (Legay).	M. WEBER (*Théâtre Lyrique*)
I.	2843	Chanson de Solvejg (la) (Grieg).	Mlle SYLVA (*Covent-Garden de Londres et Monnaie, Bruxelles*)
I.	2777	Chanson de Thersite (Wormser).	M. BELHOMME (*Op.-C. et Th. de la Monnaie, Bruxelles*)

Chanté par :

·o.	**4996**	Chanson matinale (avec orchestre) (E. Chizat).	**M. VAGUET** *(Opéra)*
i.s.	**2772**	Chanson pour Jean (Em. Chizat).	**M. BELHOMME** *(Op.-Com. et Th. de la Monnaie, Bruxelles)*
i.	**4558**	Chanson pour Jean (avec orchestre) (Em. Chizat).	**M. BELHOMME** *(Op.-C. et Th. de la Monnaie, Bruxelles)*
·o.i.	**1132**	Chant du Pâtre (le) (G. Lemaire).	**M. PICCALUGA** *(Opéra-Com.)*
·o.i.	**2985**	Chant provençal (Mireille) (Massenet).	**M. LASSALLE** *(Opéra)*
i.	**3650**	Chant provençal (Mireille) (Massenet).	**M. VAGUET** *(Opéra)*
o.i.	**3094**	Chant du Soudard (L. Roques).	**M. PICCALUGA** *(Opéra-Comiq.)*
·o.i.	**1518**	Chaperon-Rouge (L. Billaut).	**M. DALBRET** *(Alhambra et Ambassadeurs)*
i.	**1527**	Chaperon-Rouge (L. Billaut).	**M**ᶫᶫᵉ **KELLOR** *(Alhambra)*
·o.i.	**0895**	Charité (la) (Faure).	**M. WEBER** *(Théâtre Lyrique)*
o.i.	**1100**	Charité (la) (Faure).	**M. PICCALUGA** *(Opéra-Comiq.)*
·o.i.s.	**2754**	Charité (la) (Faure).	**M. NOTÉ** *(Opéra)*
i.	**3669**	Chemin d'Amour (Trépard).	**M. VAGUET** *(Opéra)*
i.	**1615**	Chiffons (chanson) (Ruffier et Fattorini).	**M. MERCADIER** *(Eldorado)*
i.	**0919**	Chimères (valse lente) (Gaston Britta).	**M**ᶫᶫᵉ **ODETTE DULAC** *(B. à Fursy)*
i.	**3673**	Cinquantaine (la) (Marie).	**M. VAGUET** *(Opéra)*
·o.i.s.	**0913**	Clairon (le) (Déroulède).	**M. WEBER** *(Théâtre Lyrique)*
o.i.	**2676**	Cloches (les) (M. Legay).	**M. WEBER** *(Théâtre Lyrique)*
i.s.	**0969**	Collinette (Allary).	**M. ALBERS** *(Op.-Com. et Th. de la Monnaie, Bruxelles)*
o.i.	**3110**	Collinette (Allary).	**M. PICCALUGA** *(Opéra-Comiq.)*
i.	**4304**	Come raggio di sol (A. Caldara).	**M. MARIO ANCONA** *(Covent-Garden de Londres)*
·o.i.	**3160**	Complainte du vin (la) (Flégier).	**M. CHAMBON** *(Opéra)*
i.	**0816**	Conseils à Ninette (St-Esteban).	**M. NORIAC** *(Concerts Parisiens)*
·o.i.	**1697**	Conseils à Ninette (avec orchestre) (St-Esteban).	**M. MARÉCHAL** *(Eldorado)*
i.	**2043**	Conseils à Ninette (St-Esteban).	**M. BONAFÉ** *(Lauréat du Cons.)*
·o.i.s.	**0897**	Cor (le) (avec cor) (Flégier).	**M. AUMONIER** *(Prix Conserv.)*
o.i.	**2841**	Cordier (le) (Fragerolles).	**M. WEBER** *(Théâtre Lyrique)*

Cylindres PATHÉ Dans les commandes il est indispensable d'indiquer les numéros et la dimension des cylindres.

Chanté par :

o.I.S.	2499	Cosaque (le) (MONIUSKO).	**M. DELMAS** *(Opéra)*
I.S.	3700	Cosi fan tutte (MOZART).	**M. VAGUET** *(Opéra)*
I.	4536	Cosi fan tutte (avec orchestre) (MOZART).	**M. VAGUET** *(Opéra)*
I.	0009	Credo d'amour (LUIGINI).	**Mme MARIE THIÉRY** *(Op.-Com.)*
I.	0371	Credo d'amour (LUIGINI).	**M. NUIBO** *(Opéras de Paris et de New-York)*
o.I.	4519	Credo d'amour (avec orchestre) (LUIGINI).	**M. VAGUET** *(Opéra)*
o.I.	0905	Credo du Paysan (le) (GOUBLIER).	**M. WEBER** *(Théâtre Lyrique)*
o.I.S.	2753	Credo du Paysan (le) (GOUBLIER).	**M. NOTÉ** *(Opéra)*
o.	0930	Dans les roses (GOUBLIER).	**Mlle MARY BOYER** *(Opéra-Com.)*
o.I.	1943	Délaissée (Ch. BOREL-CLERC)	**Mlle ESTHER LEKAIN** *(Parisiana)*
o.I.	0938	Dernières Étreintes.	**Mlle MARY BOYER** *(Opéra-Com.)*
o.	0932	Dernière gavotte (la) (VARGUES).	**Mlle MARY BOYER** *(Opéra-Com.)*
I.S.	0504	Deux Grenadiers (les) (SCHUMANN).	**M. GRESSE** *(Opéra)*
o.I.	1064	Deux sous d'amour (J. CLERICE).	**Mlle MARY BOYER** *(Opéra-Com.)*
I.	0820	Dis-lui (L. FARJALL).	**M. NORIAC** *(Concerts Parisiens)*
I.	4530	Dis-lui (avec orchestre) (L. FARJALL).	**M. VAGUET** *(Opéra)*
o.I.	3099	Dis-moi que tu m'aimes (C. HESS).	**M. PICCALUGA** *(Op.-Comique)*
I.	0822	Dites-moi si vous avez un cœur (avec orchestre). (MAQUIS).	**M. NORIAC** *(Concerts Parisiens)*
o.I.	0935	Dormi pure (SCUDÉRI).	**M. WEBER** *(Théâtre Lyrique)*
o.I.	1099	Dormi pure (SCUDÉRI).	**M. PICCALUGA** *(Op.-Comique)*
I.S.	3697	Dors enfant (accompagné par l'auteur) (EM. PESSARD).	**M. VAGUET** *(Opéra)*
I.	1735	Dors, mon enfant (E. PÉRIER)	**M. J. PÉRIER** *(Opéra-Comique)*
I.S.	3756	Enchantement (MASSENET).	**M. VAGUET** *(Opéra)*
o.I.	0948	Enfant chantait la Marseillaise (l') (COLLIN).	**Mlle MARY BOYER** *(Opéra-Com.)*
o.I.	0949	Enfant et le Polichinelle (l') (MAQUIS).	**Mlle MARY BOYER** *(Opéra-Com.)*
o.I.	0945	Enfants (les) (MASSENET).	**M. BOYER** *(Op.-Com. et Th. de la Monnaie, Bruxelles)*
o.I.	1120	Enfants (les) (MASSENET).	**M. PICCALUGA** *(Op.-Comique)*
I.S.	3503	Enfants (les) (MASSENET).	**Mme DELNA** *(Opéra)*

Cylindres PATHÉ Les lettres O. I. S., placées devant chaque numéro, indiquent que le cylindre existe en dimension « O » ordinaire, « I » inter, « S » stentor.

Chanté par :

O.I.	3632	Enfants (les) (MASSENET).	M. FOURNETS (*Op. et Op.-Com.*)
I.	3087	Enlèvement (l') (SAINT-SAËNS).	Mme MARG. MORTAGNE (*Professeur de chant*).
O.I.	4261	Era de Maggio (melodia napoletana) (MARIO COSTA).	M. SOTTOLANA
O.I.	4265	E spingole frangese (canzonetta napoletana) (DE LERA).	M. SOTTOLANA
O.I.S.	0947	Envoi de fleurs (P. DELMET)	M. WEBER (*Théâtre Lyrique*)
O.I.	1698	En vous voyant (avec orchestre) (VARGUES).	M. MARÉCHAL (*Eldorado*)
O.I.S.	1728	Étoile d'Amour (P. DELMET)	M. MERCADIER (*Eldorado*)
O-I.	1917	Étoile d'Amour (P. DELMET)	M. PICCALUGA (*Op.-Comique*)
I.S.	2586	Extase (SALOMON).	M. BOUVET (*Opéra-Comique*)
O.I.	2889	Extase (SALOMON).	M. LASSALLE (*Opéra*)
O.I.	3654	Extase (SALOMON).	M. FOURNETS (*Op. et Op.-C.*)
O.I.	0829	Extase (SALOMON).	M. BOYER (*Op.-C. et Th. de la Monnaie, Bruxelles*)
I.	4544	Faiblesse (avec orchestre) (MATHÉ).	M. VAGUET (*Opéra*)
I.	2775	Fais dodo.	M. BELHOMME (*Op.-C. et Th. de la Monnaie, Bruxelles*)
O.I.	2104	Fanchette (la) (Th. BOTREL).	M. CHARLUS (*Alcazar*)
O.I.S.	1544	Femme est un jouet (la).	M. MERCADIER (*Eldorado*)
I.	2274	Fiançailles (valse lente) (E. WESLY).	Mlle MARY BOYER (*Opéra-Com.*).
I.	2053	Fleurs fanées (A. CATHERINE).	Mme JANE MÉREY (*Opéra-Com.*)
O.	1074	Fleur de Paris (J. CLÉRICE).	Mlle MARY BOYER (*Opéra-Com.*)
O.I.	0954	Frou-Frou (valse chantée) (BENOIT).	Mlle MARY BOYER (*Opéra-Com.*)
O.I.	0958	Funiculi-Funicula (DENZA).	Mlle MARY BOYER (*Opéra-Com.*)
O.I.	1699	Grande Bleue (la) (avec orchestre) (VARGUES).	M. MARÉCHAL (*Eldorado*)
I.	4305	Heure exquise (l') (R. HAHN)	M. MARIO ANCONA (*Covent-Garden de Londres*)
I.	0270	Heureux vagabond (l') (BRUNEAU).	M. IMBART DE LA TOUR (*Th. de la Monnaie, Bruxelles*)
O.I.	1792	Homme et la Mer (l') (FLÉGIER).	M. AUMONIER (*Prix Conserv.*)
O.I.S.	1650	Il faut voir la lune.	M. MERCADIER (*Eldorado*)
O.	2400	Il pleut des caresses (VARGUES).	Mlle MARY BOYER (*Opéra-Com.*)
O.I.	1072	Il pleuvait (MASSENET).	Mme TANÉSY (*Opéra*)
I.S.	0352	Incrédule (REY. HAHN).	Mme FÉLIA LITVINNE (*Soliste de S. M. le Tsar*).
O.I.	1112	Inquiétude (PESSARD).	M. PICCALUGA (*Op.-Comique*)
I.	3656	Inquiétude (PESSARD).	M. VAGUET (*Opéra*)
O.I.	4517	Inquiétude (avec orchestre) (PESSARD).	M. VAGUET (*Opéra*)

Cylindres PATHÉ Dans les commandes il est indispensable d'indiquer les numéros et la dimension des cylindres.

Chanté par :

I.	4306	Invano (Serenata) (PAOLO TOSTI).	M. MARIO ANCONA (Covent-Garden de Londres)
O.I.S.	0977	Ivresse d'oiseaux (DANTY).	Mᵐᵉ TANÉSY (Opéra)
I.	3646	J'aime à rêver le soir (méditation) (accomp. par l'auteur) (GUTTINGUER).	M. VAGUET (Opéra)
I.	3663	J'ai peur d'aimer (RICO). (valse chantée).	M. VAGUET (Opéra)
O.I.	4643	J'ai tant pleuré (valse chantée) (RICO) (avec orchestre).	M. MARÉCHAL (Eldorado)
I.	3676	Je ne sais plus (L. FARJALL).	M. VAGUET (Opéra)
I.	4529	Je ne sais plus (avec orchestre) (L. FARJALL).	M. VAGUET (Opéra)
O.I.	2402	Je suis câline (VARGUES).	Mˡˡᵉ MARY BOYER (Opéra-Com.)
L.	3057	Je t'aime (MASSENET).	Mᵐᵉ MARG. MORTAGNE (Professeur de chant)
I.	1733	J'étais aimé (E. PÉRIER).	M. J. PÉRIER (Opéra-Comique)
I.	1617	Je vous ai tant aimée (L. SUÉS et TAILLEFER).	M. MERCADIER (Eldorado)
O.I.	2059	Juin (TRÉMIZOT).	M. AUMONIER (Prix Conserv.)
O.I.	0997	Lac (le) (NIEDERMEYER).	M. BOYER (Op.-C. et Th. de la Monnaie, Bruxelles)
O.I.	2033	Lac (le) (NIEDERMEYER).	M. AUMONIER (Prix Conserv.)
I.S.	3510	Lac (le) (NIEDERMEYER).	M. AFFRE (Opéra)
I.	2835	Laissez-moi rire (CONTRONE).	Mˡˡᵉ SYLVA (Covent-Garden de Londres et Monnaie, Bruxelles)
I.S.	3753	Lamento (DARIEN).	M. VAGUET (Opéra)
I.S.	1637	Lasciali dir (PAOLO TOSTI).	M. ALVAREZ (Opéra de Paris)
O.I.	2868	Le sais-tu bien (PIERNÉ).	M. LASSALLE (Opéra)
O.I.	2057	Lettre à la Margotte (JACOTOT).	M. MARÉCHAL (Eldorado)
I.	3683	Libellule (la) (L. FARJALL) (avec piano et violon, l'accompagnement de violon par M. G. Aubert).	M. VAGUET (Opéra)
O.I.	1782	Louis d'Or (les) (P. DUPONT).	M. AUMONIER (Prix Cons.)
I.	4302	Lucia (Ballata) (LUZZI).	M. MARIO ANCONA (Covent-Garden de Londres)
I.	4264	Lungi (PAOLO TOSTI)	M. SOTTOLANA
O.I.	3098	Ma Jeannette en jupons courts (COLLIN).	M. PICCALUGA (Op.-Comique)
O.I.S.	1918	Ma Jolie.	M. MERCADIER (Eldorado)
I.	4307	Malia (PAOLO TOSTI).	M. MARIO ANCONA (Covent-Garden de Londres)
O.I.	3081	Mamie Annette (E. PESSARD)	M. PICCALUGA (Op.-Comique)

Cylindres PATHÉ   Les lettres O. I. S., placées devant chaque numéro, indiquent que le cylindre existe en dimension « O » ordinaire, « I » inter, « S » stentor.

Chanté par :

O.I.	2693	Marche à l'Étoile (la) (FRAGEROLLES).	M. WEBER (*Théâtre Lyrique*)
O.I.	1010	Marche Lorraine (L. GANNE).	M. WEBER (*Théâtre Lyrique*)
O.I.	4263	Marechiare (canto napoletano) (PAOLO TOSTI).	M. SOTTOLANA
I.S.	0489	Mattinata (mélodie en italien) (PAOLO TOSTI).	Mme MARG. CARRÉ (*Opéra-Com.*)
I.	4314	Mattinata (mélodie en italien (PAOLO TOSTI).	M. MARIO ANCONA (*Covent-Garden de Londres*)
O.	4997	Matinée d'avril (avec orchestre (E. CHIZAT).	M. VAGUET (*Opéra*)
O.I.	2713	Mépris (M. LEGAY).	M. WEBER (*Théâtre Lyrique*)
O.I.	4213	Mia bandiera (la) (ROTOLI)	M. TITTA RUFFO
O.I.	4642	Mic Jolie ! (G. MAQUIS) (avec orchestre).	M. MARÉCHAL (*Eldorado*)
I.	1736	Mignonne amie (FIJAN).	M. J. PÉRIER (*Opéra-Comique*)
O.I.	3471	Mimi-Pinson (A. DE MUSSET).	M. MARÉCHAL (*Eldorado*)
I.	1095	Mon cœur (L. COLLIN).	M. PICCALUGA (*Op.-Comique*)
O.I.	2044	Mon cœur (L. COLLIN).	M. BONAFÉ (*Lauréat du Cons.*)
I.	2051	Mon cœur chante (CHAMINADE).	Mme JANE MÉREY (*Opéra-Com.*)
O.	3095	Mots d'amour (les) (E. MISSA).	M. PICCALUGA (*Op.-Comique*)
I.S.	1665	Musette neuve (la) (P. DUPONT).	M. ALVAREZ (*Opéra de Paris*)
O.I.	0998	Myrtes sont flétris (les) (FAURE).	M. BOYER (*Op.-C. et Th. de la Monnaie, Bruxelles*)
O.I.	1031	Naples (A. D'HACK).	Mlle MARY BOYER (*Opéra-Com.*)
O.I.	2062	Ne me chatouillez pas (LINDHEIN)	Mlle MARY BOYER (*Opéra-Com.*)
I.S.	3936	Nil (le) (Accompagné au violon par M. Soudan, violon-soliste de l'Opéra-Comique, et au piano par l'auteur.) (XAVIER LEROUX).	Mme MARG. CARRÉ (*Opéra-Com.*)
I.S.	3936 *bis*	Nil (le) (XAVIER LEROUX) (suite).	Mme MARG. CARRÉ (*Opéra-Com.*)
		La mélodie ci-dessus est complète en deux cylindres.	
O.I.	1340	Nil (le) Avec piano et violon : l'accompagnement de violon par M. Soudan, violon-soliste de l'Opéra-Comique. (XAVIER LEROUX).	Mlle MARY BOYER (*Opéra-Com.*)
I.S.	1652	Ninon (PAOLO TOSTI).	M. ALVAREZ (*Opéra de Paris*)
O.I.	1514	Ninon, voici les roses (chanson-valse) (avec orchestre) (J. DARIEN).	M. DALBRET (*Alhambra et Ambassadeurs*)
O.I.	1690	Ninon, voici les roses (chanson-valse) (avec orchestre) (J. DARIEN).	M. MARÉCHAL (*Eldorado*)

Cylindres PATHÉ Dans les commandes il est indispensable d'indiquer les numéros et la dimension des cylindres.

Chanté par :

I.	4545	Ninon, voici les roses (chanson-valse) (avec orchestre) (J. DARIEN).	M. **VAGUET** *(Opéra)*
O.I.S.	1678	Noël à Madame.	M. **MERCADIER** *(Eldorado)*
I.	4524	Noël d'amour (avec cloches et orchestre) (LUIGINI).	M. **VAGUET** *(Opéra)*
O.I.S.	1035	Noël des Gueux (VARGUES).	M. **BOYER** *(Opéra-Com. et Th. de la Monnaie, Bruxelles)*
O.I.S.	1028	Noël païen (MASSENET).	Mme **TANÉSY** *(Opéra)*
O.I.	2011	Noël païen (MASSENET).	M. **AUMONIER** *(Prix Conserv.)*
I.	2295	Noël païen (MASSENET).	Mme **CHRÉTIEN-VAGUET** *(Opéra)*
I.	2776	Notre Père (H. BÜSSER).	M. **BELHOMME** *(Op.-C. et Th. de la Monnaie, Bruxelles)*
O.I.	2061	Novembre (TRÉMIZOT).	M. **AUMONIER** *(Prix Conserv.)*
I.	2049	Nuit étoilée (CHAMINADE).	Mme **JANE MÉREY** *(Op.-Com.)*
I.	2054	Offrande (REYNALDO HAHN).	Mme **JANE MÉREY** *(Op.-Com.)*
I.	3682	On a oublié (chanson rustique, avec clochettes et imitation du rossignol) (L. FARJALL).	M. **VAGUET** *(Opéra)*
O.I.	1855	O Sole Mio (Mon soleil) (chanson napolitaine) (DI CAPUA).	M. **MARÉCHAL** *(Eldorado)*
I.	3658	Ouvre tes yeux bleus (MASSENET).	M. **VAGUET** *(Opéra)*
O.I.S.	1045	Ouvre tes yeux bleus (MASSENET).	Mme **TANÉSY** *(Opéra)*
O.I.	2014	Ouvre tes yeux bleus (MASSENET).	M. **AUMONIER** *(Prix Conserv.)*
O.I.	2885	Ouvre tes yeux bleus (MASSENET).	M. **LASSALLE** *(Opéra)*
I.S.	1633	Page d'album : si vous saviez (PAOLO TOSTI).	M. **ALVAREZ** *(Opéra de Paris)*
I.S.	3734	Papillon (le) (IRÉNÉE BERGÉ).	M. **VAGUET** *(Opéra)*
O.I.S.	3497	Parais à ta fenêtre (sérénade) (L. GREGH).	M. **AFFRE** *(Opéra)*
O.	3079	Par Charité (SANCHEZ).	M. **PICCALUGA** *(Op.-Comique)*
O.I.	3222	Par le Sentier (TH. DUBOIS)	M. **VALLADE** *(Conc. Lam.)*
O.I.	2037	Pas d'armes du roi Jean (SAINT-SAËNS).	M. **AUMONIER** *(Prix Conserv.)*
O.I.	3153	Pas d'armes du roi Jean (SAINT-SAËNS).	M. **CHAMBON** *(Opéra)*
O.	3625	Pas d'armes du roi Jean (SAINT-SAËNS).	M. **FOURNETS** *(Op. et Op.-C.)*
O.I.	4631	Pastorale (avec orchestre) (PETRUS MARTIN).	M. **MARÉCHAL** *(Eldorado)*
O.I.	0830	Pater de la France (le) (G. RUPÈS).	M. **PICCALUGA** *(Op.-Comique)*
O.I.	1049	Pavane (la) (VARGUES).	Mlle **MARY BOYER** *(Op.-Com.)*

Cylindres PATHÉ   Les lettres O. I. S., placées devant chaque numéro, indiquent que le cylindre existe en dimension «O» **ordinaire**, «I» **inter.** «S» **stentor**.

Chanté par :

O.I.	**1545**	Pauvre Bougre (le) (parodie du vieux mendiant) (P. DELMET).	**M. DALBRET** (*Alhambra et Ambassadeurs*)
O.I.	**1057**	Pauvres fous (TAGLIAFICO)	**M. BOYER** (*Op.-Com. et Th. de la Monnaie, Bruxelles*)
O.I.	**2038**	Pauvres fous (TAGLIAFICO)	**M. AUMONIER** (*Prix Conserv.*)
O.I.S.	**2497**	Pauvres fous (TAGLIAFICO).	**M. DELMAS** (*Opéra*)
O.	**3605**	Pauvres fous (TAGLIAFICO)	**M. FOURNETS** (*Op. et Op.-C.*)
O.I.	**3085**	Pauvre Navire (DIAZ).	**M. PICCALUGA** (*Op.-Comique*)
O.I.	**1056**	Pensée d'Automne (MASSENET).	**M. BOYER** (*Op.-Com. et Th. de la Monnaie, Bruxelles*)
I.	**2291**	Pensée d'Automne (MASSENET)	**Mme CHRÉTIEN-VAGUET** (*Op.*)
O.	**3631**	Pensée d'Automne (MASSENET).	**M. FOURNETS** (*Op. et Op.-C.*)
O.I.	**3689**	Pensée d'Automne (MASSENET).	**M. SOULACROIX** (*Op.-Com.*)
I.S.	**3746**	Pensée d'Automne (MASSENET).	**M. VAGUET** (*Opéra*)
I.S.	**3746 bis**	Pensée d'Automne (suite). (MASSENET).	**M. VAGUET** (*Opéra*)
I.	**4533**	Pensez à moi (avec orchestre) (L. FARJALL).	**M. VAGUET** (*Opéra*)
I.	**2052**	Perles d'or (les) (F. THOMÉ)	**Mme JANE MÉREY** (*Op.-Com.*)
O.I.	**1890**	Petit Nid de Pierrot (historiette) (CH. THUILLIER).	**M. MARÉCHAL** (*Eldorado*)
O.I.	**1448**	Petit Portrait (le) (chanson-valse) (G. PICQUET).	**M. DALBRET** (*Alhambra et Ambassadeurs*)
O.I.	**1700**	Petit Portrait (le) (chanson-valse) (avec orchestre) (G. PICQUET).	**M. MARÉCHAL** (*Eldorado*)
O.I.	**4518**	Petits Bambins d'Amour (les) (avec orchestre) (DELABRE).	**M. VAGUET** (*Opéra*)
O.I.	**1063**	Petits chagrins (P. DELMET)	**M. WEBER** (*Théâtre Lyrique*)
I.	**3684**	Petit Siffleur (le) (chanson rustique) (avec petite flûte et piano) (L. FARJALL).	**M. VAGUET** (*Opéra*)
O.I.	**1567**	Plaisir d'amour (MARTINI)	**M. PICCALUGA** (*Op.-Comique*)
I.S.	**1660**	Plaisir d'amour (MARTINI).	**M. ALVAREZ** (*Opéra de Paris*)
O.I.	**2986**	Plaisir d'amour (MARTINI)	**M. LASSALLE** (*Opéra*)
O.	**3870**	Plaisir d'amour (MARTINI).	**M. MARÉCHAL** (*Eldorado*)
I.S.	**3701**	Plaisir d'amour (MARTINI).	**M. VAGUET** (*Opéra*)
O.	**4972**	Pluie (la) (avec orchestre) (P. ALIN).	**M. VAGUET** (*Opéra*)
O.	**4471**	Pluie (la) (avec orchestre) (P. ALIN).	**M. DEVRIÈS** (*Opéra-Comique*)

Cylindres PATHÉ Dans les commandes il est indispensable d'indiquer les numéros et la dimension des cylindres.

Chanté par :

o.	0391	Poule chanteuse (la) (avec orchestre) (P. Martin).	M. **BELHOMME** (*Op.-Com. et Th. de la Monnaie, Bruxelles*)
o.i.	2309	Pour Elle (J. Clérice).	M. **WEBER** (*Th. Lyrique*)
i.s.	1632	Pour faire sa voix chez Pathé frères (chanson de marin) (Delmet).	M. **ALVAREZ** (*Opéra de Paris*)
i.	1601	Pour les séduire (Riffey et Fattorini).	M. **MERCADIER** (*Eldorado*)
o.i.	2726	Pourquoi files-tu? (M. Legay).	M. **WEBER** (*Th. Lyrique*)
o.i.	1190	Pourquoi ne pas m'aimer (Margis).	Mlle **MARY BOYER** (*Opéra-Com.*)
i.	2042	Pourquoi ne pas oser (Doloire).	M. **BONAFÉ** (*Lauréat du Cons.*)
o.i.	1692	Pourquoi ne pas oser (avec orchestre) (Doloire).	M. **MARÉCHAL** (*Eldorado*)
o.i.s.	1693	Première fleur (la) (Darcier).	N. **MERCADIER** (*Eldorado*)
o.i.	0896	Première Leçon (la) (Wolff).	M. **AUMONIER** (*Prix Cons.*)
o.i.	1055	Pressoir (le) (Faure).	M. **BOYER** (*Op.-Com. et Th. la Monnaie, Bruxelles*)
o.i.	1784	Pressoir (le) (Faure).	M. **AUMONIER** (*Prix Cons.*)
o.i.	1062	Prière du soir (Gounod).	M. **FOURNETS** (*Op. et Op.-C.*)
o.i.	1797	Primavera (Gounod).	M. **AUMONIER** (*Prix Cons.*)
o.	4998	Projet (avec orchestre) (E. Chizat).	M. **VAGUET** (*Opéra*)
o.i.	3162	Promenade du Paysan (la) (P. Dupont).	M. **CHAMBON** (*Opéra*)
i.s.	3692	Prunes (les) (accompagné par l'auteur) (Justin Clérice).	M. **VAGUET** (*Opéra*)
i.	0817	Quand je te vois (L. Farjall).	M. **NORIAC** (*Concerts Paris.*)
o.i.	1081	Quand l'oiseau chante (Tagliafico).	M. **BOYER** (*Op.-Com. et Th. de la Monnaie, Bruxelles*)
o.i.s.	3491	Quand l'oiseau chante (Tagliafico).	M. **AFFRE** (*Opéra*)
o.i.	3727	Quand l'oiseau chante (Tagliafico).	M. **SOULACROIX** (*Op.-Com.*)
o.i.	1104	Quand tu dors (sérénade) (Gounod).	Mlle **MARY BOYER** (*Op.-Com.*)
i.	3651	Quand tu dors (sérénade) (Gounod).	M. **VAGUET** (*Opéra*)
i.	3677	Quand tu m'aimais (L. Farjall).	M. **VAGUET** (*Opéra*)
i.	0815	Quand tu m'aimais (L. Farjall).	M. **NORIAC** (*Concerts Paris.*)
i.s.	1631	Quelques couplets (Delmet).	M. **ALVAREZ** (*Opéra de Paris*)

Chanté par :

O.I.	1092	Quitte ta chemisette (COLLIN).	Mlle MARY BOYER (Op.-Com.)
O.I.	1093	Rameaux (les) (FAURE).	M. WEBER (Th. Lyrique)
O.I.S.	1096	Rameaux (les) (FAURE).	M. PICCALUGA (Op.-Comique)
O.I.S.	1786	Rameaux (les) (FAURE).	M. AUMONIER (Prix Cons.)
O.I.S.	2746	Rameaux (les) (FAURE).	M. NOTÉ (Opéra)
O.I.	4250	Reginella (BRAGA).	M. CONSTANTINO
I.	1539	Rêve d'enfant (L. BILLAUT).	Mlle KELLOR (Alhambra)
I.S.	3840	Rêve d'enfant (L. BILLAUT).	M. VAGUET (Opéra)
O.I.S.	2869	Rêve du Prisonnier (le) (RUBINSTEIN).	M. LASSALLE (Opéra)
O.I.S	3474	Risette (E. ABOUT).	M. MARÉCHAL (Eldorado)
O.	3082	Ronde des Moissonneurs (la) (FAURE).	M. PICCALUGA (Op.-Com.)
I.S.	0964	Rondel de l'Adieu (IS. DE LARA).	M. ALBERS (Op.-Com. et Th. de la Monnaie, Bruxelles)
I.	0819	Rosier (le) (L. DANTY).	M. NORIAC (Concerts Parisiens)
I.S.	1629	Rosilla (la) (chanson espagnole) (YRADIER).	M. ALVAREZ (Opéra de Paris)
I.	2048	Saïs (le) (sérénade-berceuse) (Mme M^{te} OLAGNIER).	Mme JANE MÉREY (Op.-Com.)
O.I.	1111	Sapins (les) (P. DUPONT).	M. AUMONIER (Prix Conserv.)
O.I.	3164	Sapins (les) (P. DUPONT).	M. CHAMBON (Opéra)
O.I.	3446	Sapins (les) (P. DUPONT).	M. MARÉCHAL (Eldorado)
O.I.	4270	Scetate! (serenata) (MARIO COSTA).	M. SOTTOLANA
O.I.S.	1547	Selon la Saison.	M. MERCADIER (Eldorado)
O.I.	1723	Sentinelles veillez (FRAGEROLLES).	M. WEBER (Th. Lyrique)
O.I.	4641	Sérénade à Magali (TRIM) (avec orchestre).	M. MARÉCHAL (Eldorado).
I.	1613	Sérénade d'amour (RIFFEY et FATTORINI).	M. MERCADIER (Eldorado)
O.I.	1827	Sérénade du Baigneur (CHODOIR).	M. GRISARD (Concerts Parisiens)
O.I.	1151	Sérénade du Passant (MASSENET).	Mlle MARY BOYER (Opéra-Com.)
O.I.	2026	Sérénade du Passant (MASSENET).	M. AUMONIER (Prix Conserv.)
O.I.	1695	Sérénade printanière (avec orchestre) (VARGUES).	M. MARÉCHAL (Eldorado)
O.I.	2009	Sérénade Printanière (HOLMÈS).	M. AUMONIER (Prix Conserv.)
I.	4303	Serenamente (BARTELEMI).	M. MARIO ANCONA (Covent-Garden de Londres)
I.S.	3735	Serments d'amour (Ferd. RAYNAL).	M. VAGUET (Opéra)
O.I.	1106	Si j'étais Jardinier (CHAMINADE).	Mlle MARY BOYER (Opéra-Com.)

Cylindres PATHÉ Dans les commandes il est indispensable d'indiquer les numéros et la dimension des cylindres.

Chanté par :

O.I.	1974	Si j'étais Jardinier (CHA-MINADE).	Mme **TANÉSY** (*Opéra*)
I.S.	1635	Si tu le voulais (PAOLO TOSTI).	M. **ALVAREZ** (*Opéra de Paris*)
O.I.	1105	Si tu m'aimais (DENZA)	M. **WEBER** (*Théâtre Lyrique*)
O.I.S.	2988	Si tu veux mignonne (MASSENET).	M. **LASSALLE** (*Opéra*)
O.I.S.	1726	Si vous le vouliez, ô Mademoiselle.	M. **MERCADIER** (*Eldorado*)
O.I.	1110	Si vous ne m'aimez plus (GOUBLIER).	M. **WEBER** (*Théâtre Lyrique*)
O.I.S.	1727	Sixième étage (le) (NOVELLY)	M. **MERCADIER** (*Eldorado*)
O.I.	3976	Sixième étage (le) (NOVELLY)	M. **MARÉCHAL** (*Eldorado*)
O.I.S.	1103	Soir (le) (GOUNOD).	M. **WEBER** (*Théâtre Lyrique*)
I.S.	1646	Soir (le) (GOUNOD).	M. **ALVAREZ** (*Opéra de Paris*)
O.I.	1798	Soir (le) (GOUNOD).	M. **AUMONIER** (*Prix Conserv.*)
O.I.	2598	Soir (le) (GOUNOD).	M. **BOUVET** (*Opéra-Comique*)
O.I.	3384	Soir (le) (GOUNOD).	M. **RENAUD** (*Opéra*)
O.I.	3607	Soir (le) (GOUNOD).	M. **FOURNETS** (*Op. et Op.-C.*)
O.I.	1115	Soldat de Marsala (le) (NADAUD).	M. **BOYER** (*Op.-Com. et Th. de la Monnaie, Bruxelles*)
O.I.	2027	Soldat de Marsala (le) (NADAUD).	M. **AUMONIER** (*Prix Conserv.*)
O.I.	3452	Soldat de Marsala (le) (NADAUD).	M. **MARÉCHAL** (*Eldorado*)
O.I.	2742	Son amant (G. GOUBLIER).	M. **WEBER** (*Théâtre Lyrique*)
I.	3071	Sonnet d'Arvers (BIZET).	Mme **MARG. MORTAGNE** (*Professeur de chant*)
O.I.	4564	Souhaits à la France (Chanson-marche avec chœur et orchestre) (E. PESSARD).	M. **NUIBO** (*Opéras de Paris et de New-York*)
I.	4527	Sourire (le) (avec orchestre) (E. PESSARD).	M. **VAGUET** (*Opéra*)
I.S.	3693	Sourire (le) (accompagné par l'auteur) (E. PESSARD)	M. **VAGUET** (*Opéra*)
O.I.	1102	Sourire (le) (E. PESSARD).	M. **PICCALUGA** (*Opéra-Comique*)
O.I.	2989	Souvenir (LALO).	M. **LASSALLE** (*Opéra*)
I.S.	1627	Stances (FLÉGIER).	M. **ALVAREZ** (*Opéra de Paris*)
O.I.	1107	Stances (FLÉGIER).	M. **WEBER** (*Théâtre Lyrique*)
O.I.S.	3495	Stances (FLÉGIER).	M. **AFFRE** (*Opéra*)
I.S.	3745	Stances (FLÉGIER).	M. **VAGUET** (*Opéra*)
I.	4551	Stances (avec orchestre) (FLÉGIER)	M. **VAGUET** (*Opéra*)
O.I.	1108	Stances à Manon (P. DELMET).	M. **WEBER** (*Théâtre Lyrique*)
O.	4923	Tes yeux sont bleus (avec orchestre) (G. OBLÉ).	M. **VAGUET** (*Opéra*)

Cylindres PATHÉ   Les lettres O. I. S., placées devant chaque numéro, indiquent que le cylindre existe en dimension « O » ordinaire, « I » inter. « S » stentor.

Chanté par :

I.	2056	Ton sourire (A. CATHERINE).	Mᵐᵉ **JANE MÉREY** *(Opéra-Com.)*
I.	3667	Ton sourire (A. CATHERINE)	M. **VAGUET** *(Opéra)*
O.I.	1126	Tout près du moulin (GOUBLIER).	M. **WEBER** *(Théâtre Lyrique)*
I.	1882	Tout près du moulin (GOUBLIER).	Mˡˡᵉ **ANNA THIBAUD** *(Conc. Par.)*
O.I.	1122	Toussaint (la) (LACÔME).	M. **BOYER** *(Op.-Com. et Th. de la Monnaie, Bruxelles)*
O.I.	2684	Tout simplement (P. DELMET).	M. **WEBER** *(Théâtre Lyrique)*
I.	1094	Triolets à Marie (L. COLLIN).	M. **PICCALUGA** *(Opéra-Comiq.)*
I.	3659	Triolets à Marie (L. COLLIN).	M. **VAGUET** *(Opéra)*
I.	1614	Trois Fleurs fanées (les) (RUFFIER ET FATTORINI).	M. **MERCADIER** *(Eldorado)*
I.	3685	Trois Roses (les) (DARIEN).	M. **VAGUET** *(Opéra)*
I.	1593	Trottinette (RIFFEY ET FATTORINI).	M. **MERCADIER** *(Eldorado)*
I.	1618	Trouvaille amoureuse (RIFFEY ET FATTORINI).	M. **MERCADIER** *(Eldorado)*
I.	2029	Tu me dirais (CHAMINADE).	Mᵐᵉ **JANE MÉREY** *(Op.-Com.)*
O.I.	2745	Tu t'en iras les pieds devant (M. LEGAY).	M. **WEBER** *(Théâtre Lyrique)*
I.S.	0330	Un rêve (GRIEG).	M. **MARÉCHAL** *(Opéra-Com.)*
O.I.	1136	Vallon (le) (GOUNOD).	M. **BOYER** *(Opéra-Com. et Th. de la Monnaie, Bruxelles)*
O.P.	1799	Vallon (le) (GOUNOD).	M. **AUMONIER** *(Prix Conserv.)*
O.I.	3608	Vallon (le) (GOUNOD).	M. **FOURNETS** *(Op. et Op.-Com.)*
I.S.	1986	Valse rose (la) (accompagné par l'auteur) (MARGIS).	Mᵐᵉ **JANE MÉREY** *(Op.-Com.)*
I.	1534	Variations (RODE).	Mˡˡᵉ **KELLOR** *(Alhambra)*
I.	1594	Venez ma belle (J. DARIEN).	M. **MERCADIER** *(Eldorado)*
O.I.	1138	Véritable Manola (la) (BOURGEOIS).	Mˡˡᵉ **MARY BOYER** *(Opéra-Com.)*
O.I.	1143	Verse Margot (DORIA).	M. **WEBER** *(Théâtre Lyrique)*
O.I.S.	1147	Verse Margot (DORIA).	M. **BOYER** *(Op.-Com. et Th. de la Monnaie, Bruxelles)*
O.I.	1140	Veux-tu ? (VENZEL).	M. **WEBER** *(Théâtre Lyrique)*
I.	3647	Vie (la) (J. CLÉRICE).	M. **VAGUET** *(Opéra)*
O.I.	1101	Vierge à la crèche (la) (J. CLÉRICE).	M. **PICCALUGA** *(Op.-Comique)*
I.	1528	Vierge à la crèche (la) (J. CLÉRICE).	Mˡˡᵉ **KELLOR** *(Alhambra)*
I.	3516	La Vierge à la crèche (accompagné par l'auteur) (J. CLÉRICE).	Mᵐᵉ **DELNA** *(Opéra)*

Cylindres PATHÉ Dans les commandes il est indispensable d'indiquer les numéros et la dimension des cylindres.

			Chanté par :
I.S.	3696	La Vierge à la crèche (accompagné par l'auteur) (J. CLÉRICE).	M. VAGUET *(Opéra)*
O.I.	4516	Vierge à la crèche (la) (avec orchestre) (J. CLÉRICE).	M. VAGUET *(Opéra)*
O.I.	3100	Vieille chanson (THOMÉ).	M. PICCALUGA *(Op.-Comique)*
O.I.	3109	Vieux vagabond (le) (BÉRANGER).	M. PICCALUGA *(Op.-Comique)*
O.I.	1141	Vin de Marsala (le) (VARGUES).	M. WEBER *(Théâtre Lyrique)*
I.S.	2028	Violettes (les) (valse) (accompagné par l'auteur) (MARGIS).	Mme JANE MÉREY *(Opéra-Com.)*
O.I.S.	3499	Violettes (les) (F. RAMEAU).	M. AFFRE *(Opéra)*.
O.I.	1134	Violettes fanées (F. RAMEAU).	M. BOYER *(Opéra-Com. et Th. de la Monnaie, Bruxelles)*
O.I.	1142	Violon brisé (le) (HERPIN).	M. PICCALUGA *(Op.-Comique)*
O.I.	1149	Virelai d'Alsace (M. LEGAY).	M. WEBER *(Théâtre Lyrique)*
I.	4301	Voi siete l'Alba (E. DE LEVA).	M. MARIO ANCONA *(Covent-Garden de Londres)*
O.I.S.	1139	Voix des Chênes (la) (GOUBLIER).	M. BOYER *(Op.-Com. et Th. de la Monnaie, Bruxelles)*
I.	4313	Vorrei (PAOLO TOSTI).	M. MARIO ANCONA *(Covent-Garden de Londres)*
O.I.	2749	Vous êtes jolie (P. DELMET).	M. WEBER *(Théâtre Lyrique)*
I.S.	3733	Vous êtes jolie (P. DELMET).	M. VAGUET *(Opéra)*
I.S.	1864	Vous êtes jolie (P. DELMET).	Mlle ANNA THIBAUD *(Conc. Par.)*
O.I.	1137	Vous êtes si jolie (TAGLIAFICO).	M. PICCALUGA *(Op.-Comique)*
O.I.	2063	Yeux (les) (TRÉMIZOT).	M. AUMONIER *(Prix Conserv.)*
O.I.	2752	Yeux (les) (TEULET).	M. WEBER *(Théâtre Lyrique)*

Cylindres PATHÉ — Les lettres O. I. S., placées devant chaque numéro, indiquent que le cylindre existe en dimension « O » ordinaire, « I » inter, « S » stentor.

Chant National Français

				Chanté par :
?.S.	0506	Marseillaise (la) (ROUGET DE L'ISLE).		
?.I.	0808	Marseillaise (la) (ROUGET DE L'ISLE).		**M. GRESSE** *(Opéra)*
?.I.	1011	Marseillaise (la) (ROUGET DE L'ISLE).		**CHŒURS**
?.	3051	Marseillaise (la) (avec orchestre) (ROUGET DE L'ISLE).		**M. WEBER** *(Théâtre Lyrique)*
?.	4602	Marseillaise (la) (ROUGET DE L'ISLE) (avec orchestre) (Orchestration officielle de BERLIOZ).		**CHŒURS**
?.I.	3620	Marseillaise (la) (ROUGET DE L'ISLE).		*Les* **CHŒURS** *de l'Opéra*
?.I.S.	3705	Marseillaise (la) (ROUGET DE L'ISLE).		**M. FOURNETS** *(Op. et Op.-C.)*
				M. MELCHISSÉDEC *(Opéra et Opéra-Comique)*

Chants Divers

?.I.	0908	Carmagnole (la).	**M. WEBER** *(Théâtre Lyrique)*
?.I.	0803	Chant du départ (le) (MÉHUL).	**CHŒURS**
? I.	1109	Sambre-et-Meuse (PLANQUETTE).	**M. WEBER** *(Théâtre Lyrique)*

Cylindres PATHÉ Dans les commandes il est indispensable d'indiquer les numéros et la dimension des cylindres.

MORCEAUX RELIGIEUX

O.I.	0812	Agnus Dei (G. Bizet).	M.	VALLADE (*Conc. Lamoureux*)
O.I.	0814	Ave Maria (Faure).	M.	PICCALUGA (*Op.-Comique*)
I.S.	3834	Ave Maria (Cherubini).	M.	VAGUET (*Opéra*)
I.	3675	Ave Maria (avec violon et orgue) (Cherubini).	M.	VAGUET (*Opéra*)
I.	3672	Ave Maria (avec violon et orgue) (Gounod).	M.	VAGUET (*Opéra*)
O.I.S.	0813	Ave Maria (avec violon) (Gounod).	Mlle	MARY BOYER (*Opéra-Com.*)
O.I.	0825	Célébrons le Seigneur (Rupès).	M.	VALLADE (*Conc. Lamoureux*)
O.I.	3670	Célébrons le Seigneur (Rupès).	M.	FOURNETS (*Op. et Op.-Com.*)
I.S.	3858	Chemin du Ciel (le) (Mélodie religieuse) (A. Holmès).	M.	VAGUET (*Opéra*)
O.I.	0828	Ciel a visité la Terre (le) (Gounod).	M.	VALLADE (*Conc. Lamoureux*)
O.I.	3661	Ciel a visité la Terre (le) (Gounod)	M.	FOURNETS (*Op. et Op.-C.*)
O.I.	0804	Je vous salue Marie (Yung)	M.	PICCALUGA (*Op.-Comique*)
O.	3666	Miserere mei (Steemann).	M.	FOURNETS (*Op. et Op.-Com.*)
O.I.S.	1034	Noël (Adam).	M.	BOYER (*Op.-Com. et Th. de la Monnaie, Bruxelles*)
I.S.	2591	Noël (Adam).	M.	BOUVET (*Opéra-Comique*)
O.I.	3649	Noël (Adam).	M.	FOURNETS (*Op. et Op.-C.*)
O.I.S.	2711	Noël (Adam).	M.	NOTÉ (*Opéra*)
O.I.	0805	Noël (O. Kelly)	M.	PICCALUGA (*Op.-Comique*)
O.I.S.	1032	Noël (A. Holmès).	M.	WEBER (*Théâtre Lyrique*)
O.I.	0802	Notre Père (Yung).	M.	PICCALUGA (*Op.-Comique*)
O.I.	0801	O Salutaris (Gounod).	M.	PICCALUGA (*Op.-Comique*)
O.I.	0833	O Salutaris (Niedermeyer).	M.	VALLADE (*Conc. Lamoureux*)
O.	0834	O Salutaris (Lefébure).	M.	WEBER (*Théâtre Lyrique*)
O. S.	3662	O Salutaris (Niedermeyer).	M.	FOURNETS (*Opéra et Op.-C.*)
I.	3678	O Salutaris (avec violon et orgue) (Faure).	M.	VAGUET (*Opéra*)
O.	0839	Panis Angelicus (C. Franck)	M.	VALLADE (*Conc. Lamoureux*)
O.I.	3655	Panis Angelicus (C. Franck)	M.	FOURNETS (*Op. et Op.-C.*)
I.S.	3755	Panis Angelicus (avec orgue et cor) (C. Franck).	M.	VAGUET (*Opéra*)
O.I.	3671	Panis Angelicus (Fauchey).	M.	FOURNETS (*Op. et Op.-Com.*)

Chanté par :

O.I.	3652	Pater Noster (NIEDERMEYER)	M.	FOURNETS *(Op. et Op.-Com.)*
O.I.	0841	Pie Jesu (FAURE).	M.	PICCALUGA *(Opéra-Comique)*
O.I.	3653	Pie Jesu (FAURE).	M.	FOURNETS *(Op. et Op.-Com.)*
O.I.	0843	Pie Jesu (STRADELLA).	M.	VALLADE *(Conc. Lamoureux)*
I.S	3860	Pie Jesu (STRADELLA).	M.	VAGUET *(Opéra)*
I.	3679	Pie Jesu (avec violon et orgue) (STRADELLA).	M.	VAGUET *(Opéra)*
O.I.	0863	Sancta Maria (FAURE).	M.	PICCALUGA *(Opéra-Comique)*
O.I.	0844	Sanctus (BEETHOVEN).	M.	VALLADE *(Conc. Lamoureux)*
O.I.	3657	Sanctus (BEETHOVEN).	M.	FOURNETS *(Op. et Op.-Com.)*
O.I.	3219	Sanctus (chœur) (BEETHOVEN).		
I.S.	3757	Souvenez-vous Vierge Marie (MASSENET).	M.	VAGUET *(Opéra)*
O.	0845	Stabat Mater (ROSSINI).	M.	FOURNETS *(Op. et Op.-Com.)*

Cantique

O.I.	0849	Venez divin Messie.	M.	VALLADE *(Conc. Lamoureux)*

Duos Religieux

O.I.	3189	Ave Maria (MOZART).	MM.	PICCALUGA *et* VALLADE
O.I.	0686	Crucifix (le) (FAURE).	MM.	GAUTIER *et* WEBER
I.S.	3760	Crucifix (le) (FAURE).	MM.	VAGUET *et* BOUVET

CYLINDRES ARTISTIQUES

chantés par

Mlle ODETTE DULAC

de la Boîte à Fursy

I.	0924	Auto et Berline.	I.	0931	Pandore (NADAUD).
I.	0919	Chimères (valse lente).	I.	0933	Petites Bonnes d'hôtel (les).
I.	0927	Différences (les).	I.	0922	Temps des Cerises (le).
I.	0934	Divorcées (les).			
I.	0926	Jenny l'Ouvrière.	I.	0921	Vieux Farceur (le).
I.	0928	J'suis bête.	I.	0923	Y a toujours la moitié du Monde.
I.	0936	Loup-Garou (le).			
I.	0925	Ma Grand'Mère (BÉRANGER).			

CYLINDRES ARTISTIQUES DU RÉPERTOIRE

de

Mme YVETTE GUILBERT

Étoile des Concerts Parisiens

chantés par elle-même

I.S.	1443	A la Villette.	O.I.	1385	Demoiselles de pensionnat (les).
O.I.	2712	A l'Hôtel du n° 3.			
O.I.	1372	Auvergnat (l') (vieille chanson française).	O.I.	1458	Exemple (l').
			O.I.S.	1481	Fiacre (le).
			O.I.	1395	Fleur de borge.
O.I.	1367	Belle Fille et le Petit Bossu (la) (vieille chanson française).	O.I.	1382	Gens qui sont jeunes (les) (vieille ronde).
			O.I.	1402	Glu (la).
.I.	1365	Belles Manières (les) (ancienne chanson française).	O.I.	1406	Héloïse et Abélard.
			O.I.	1407	Idylle normande.
			O.I.	1440	Ingénues (les).
			I.S.	1445	Je suis dans l'Bottin.
O.I.	1459	Bœufs (les).			
O.I.S.	1543	Ça fait toujours plaisir.	O.I.	1541	Jeune homme triste (le).
O.I.	1379	Colinette (WEKERLIN) (vieille chanson française).	O.I.	1374	Ma Mère il me tuera (vieille chanson française).
O.I.	1384	Demoiselles à marier (les).	I.S.	1444	Ma Tête.
			O.I.	1529	Mollet de Rose (le).

O.I.	1530	Névrose.	O.I.	1455	Quatre-z'Étudiants (les).
O.I.	2721	On dirait que c'est toi.	O.I.	1467	Silhouette anglaise.
O.I.	1461	Partie carrée.	O.I.	1480	Si tu savais, ma chère.
O.I.	1441	Par un Clair de Lune.	O.I.	1466	Soularde (la).
O.I.	1451	P'tit cochon (le).	O.I.	1376	Tiret le Ridiau (vieille chanson française).
O.I.	1366	Peureuse (la) (ancienne chanson française).	O.I.	1532	Tziganes (les).
O.I.	1452	Pocharde (la).	O.I.	1477	Vierges (les).
O.I.	1449	Promise (la).	O.I.	1478	Vieux messieurs (les).
O.I.	1456	Quand ça le prend.			

CYLINDRES ARTISTIQUES DU RÉPERTOIRE

de

Mme ANNE JUDIC

du Théâtre des Variétés

chantés par elle-même

O.I.	3407	Bras d'ssus, bras d'ssous.	O.I.	3411	Noisettes (les).
			O.I.	3409	Petit Coin (le).
O.I.	3421	Corde sensible (la)	O.I.	3422	Sol, la, si.
O.I.	3406	Ne me chatouillez pas.	O.I.	3413	Trois Feuillets (les)

CYLINDRES ARTISTIQUES

chantés par

Mlle ESTHER LEKAIN

de Parisiana

O.I.	1920	Amour malin (l').	O.I.	1941	Farandole rose.
O.I.	1942	Amours et Moulin (vieille chanson).	O.I.	1919	Lettre au Marquis.
			O.I.	1926	Pavane (la).
O.I.	1933	Baluchon de Fanchon (le).	O.I.	1923	Prends garde au Loup.
O.I.	1924	Ça ne vaut pas l'amour.	O.I.	1928	P'tit cochon d'Amour.
O.I.	1931	Ce sont les Miss.	O.I.	1927	P'tits pieds nus pour la Noël (les).
O.I.	1921	C'est bon.			
O.I.	1943	Délaissée.	O.I.	1922	Qui qu'a commencé.
O.I.	1929	Dernière Gavotte (la).	O.I.	1932	Rien, presque rien.
			O.I.	1945	Voyage d'amour.

Cylindres PATHÉ Dans les commandes il est indispensable d'indiquer les numéros et la dimension des cylindres.

CYLINDRES ARTISTIQUES

chantés par

Mme MIETTE

de la Scala

O.I.	**1781**	Amour et Musette (chanson provençale).	I. PONTIO.
O.I.	**1779**	Aubade à ma blonde.	I. PONTIO.
O.I.	**1765**	Bécots (les) (chansonnette).	I. PONTIO.
O.I.	**1766**	Benjolette (la) (chansonnette).	I. PONTIO.
O.I.	**1763**	Biniou (le)	DURAND.
O.I.	**1774**	Bruit de baisers (chansonnette).	I. PONTIO.
O.I.	**1759**	Chanson nègre.	I. PONTIO.
O.I.	**1756**	Fagots (les) (chanson provençale).	I. PONTIO.
O.I.	**1764**	Farandole amoureuse (la) (chansonnette).	I. PONTIO.
O.I.	**1769**	Fémina (sérénade).	I. PONTIO.
O.I.	**1760**	Grand Lucas (le) (paysannerie).	I. PONTIO.
O.I.	**1768**	Légende des petits Toutous (la) (chansonnette).	I. PONTIO.
O.I.	**1758**	Mariage de Gontran (le) (chansonnette).	I. PONTIO.
O.I.	**1762**	Marie ta fille (chansonnette).	BOTREL.
O.I.	**1776**	Misère et Violon (chansonnette).	I. PONTIO.
O.I.	**1757**	Perrette (chansonnette).	I. PONTIO.
O.I.	**1771**	Pour voir les Amoureux (chansonnette).	I. PONTIO.
O.I.	**1770**	Risette à Suzon (chansonnette).	I. PONTIO.
O.I.	**1778**	Sur la Mousse (bluette espagnole).	I. PONTIO.

CYLINDRES ARTISTIQUES

chantés par

Mlle ANNA THIBAUD

des Concerts Parisiens

I.S.	**1871**	Allons Ninon (sérénade).	I.	**1884**	Pigeonne (la).
I.S.	**1866**	A présent qu't'es vieux.	I.	**1880**	Quand les Lilas refleuriront.
I.	**1881**	Au clair de la Lune.	I.	**1868**	Résignation.
I.	**1874**	Deux Nichons (les).	I.S.	**1872**	Seuls.
			I.	**1878**	Suzon t'as raison.
I.	**1867**	Étoile d'Amour.	I.	**1882**	Tout près du Moulin.
I.	**1865**	Lecture du Soir.	I.	**1879**	Tu ne m'aimais pas
I.	**1875**	On n'y pense pas.	I.	**1873**	Vieux Garçons (les)
I.	**1870**	Péché (le).	I.S.	**1864**	Vous êtes jolie.

DUOS

Mlle ANNA THIBAUD ET M. MARÉCHAL

I.	1901	C'est une Ingénue.		I.	1902	Curé et sa Ser-vante (le) (vieille chanson).
I.	1904	Colinette.				
I.	1903	Corbleu Marion.				

CYLINDRES ARTISTIQUES DU RÉPERTOIRE
de
Mme ROLLINI
des Folies-Bergère
chantés par elle-même

Tyroliennes et Morceaux divers

O.I.	1201	A la Plaza.
O.I.	2111	Allume ! allume !
O.I.	1206	Andalousie.
O.	2929	Au Clair de la Lune.
O.I.	1207	Brise d'Amour.
O.	2927	Cadet Roussel.
O.I.	1211	Canards tyroliens (les).
O.I.	1212	Cascarinette.
O.I.	1202	C'est dans le nez qu'ça m'cha-touille.
O.I.	1208	Chanson du Corne-museux (la).
O.I.	1213	Chercheuse de Clair de Lune (la).
O.I.	1203	Choriste de l'Opéra (la).
O.I.	1214	Coucou (le).
O.I.	1380	D'Elle à Lui.
O.I.	1209	Doux Échos.
O.I.	1216	Enfant de la Forêt-Noire (l').
O.I.	1210	Fleur du Tyrol (la).
O.I.	1401	Gaffes téléphoni-ques (les).
O.I.	1217	Gardeuse d'Ours (la).
O.I.	1400	Gare les Rayons X.
O.	2933	Giroflé-Girofla.
O.I.	1405	Homme est-il par-fait (l') ?
O.	2928	Il pleut, Bergère.
O.	2926	J'ai du bon Tabac.
O.I.	1423	Lapin de Jeannette (le).
O.I.	1218	Ma Bergère.
O.I.	2411	Mam'zelle Coli-gnon.
O.I.	2925	Mère Michel (la).
O.I.	2130	Moi j'en veux, y m'en faut.
I.	1430	Mon Beau-Frère.
O.	2133	Monôme des Éco-les (le).
O.I.	1219	Monsieur Beau-temps.
O.I.	1220	Morvandiau (le).
O.	2922	Nous n'irons plus au Bois.
O.I.	1221	Pâtre des Mon-tagnes (le).
O.I.	1450	Petites Chatteries (les).
O.I.	2923	Petit Papa.

---

o.	1048	Petits Pavés (les).		o.i.	1118	Sérénade de Gillotin.
o.i.	1454	Petits Péchés de la Rosière (les).		o.i.	2463	Sérénade d'Elle à Lui.
o.i.	1223	Prince et Bergère.		o.	1464	Six Potaches (les).
o.	2451	Refrain du Merle (le).		o.	2147	Ta-ma-ra-boum di hé.
o.	1462	Secret des Hommes (le).		o.i.	1476	Vieilles cocottes (les).

DUOS

Mme ROLLINI ET M. CHARLUS

o.i.	3039	Alphonse et Nana.		o.i.	3027	Nos Domestiques.
o.i.	3048	Amants.		o.i.	3021	Oscar et Eulalie.
o.i.	3017	Amour à l'enchère (l').		o.i.	3015	Page d'Amour.
				o.i.	3035	Pas de Fumerons.
o.i.	3014	Cantiniers (les).		o.i.	3037	Paul et Virginie.
o.i.	3009	Chandelle (la).		o.i.	3018	Petite Flûte et Cordon Bleu.
o.i.	3023	Chez la Gantière.				
o.i.	3013	Cocotte et Potache.		o.i.	3043	Trois pour un sou.
o.i.	3041	Examen (l').		o.	3054	Trombone et Sifflet.
o.i.	3049	Leçons de Choses.				
o.i.	3025	Ménage Parisien (le).		o.i.	3053	Trompette et Tambour.
o.i.	3016	Merci bien.		o.i.	3029	Vélocipédards (les)
o.i.	3019	Musique d'anti-chambre.		o.i.	3031	Vive la Musique militaire.

CYLINDRES ARTISTIQUES DU RÉPERTOIRE

BERGERET

du Casino de Paris

chantés par lui-même

Tyroliennes et Imitations diverses

o.i.	1240	Amour et Mandoline (imitation de mandoline).		o.i.	1226	Boléro de l'Étudiant (le) (avec castagnettes).
o.i.	1224	Aventure aux Bains de Mer.		o.i.	1186	Canards tyroliens (les).
o.i.	1242	Biche aux Bois (la) (avec cor de chasse).		o.i.	1187	Cascarinette.
				o.i.	1185	Chanson du Cornemuseux.

Cylindres PATHÉ   Les lettres O. I. S., placées devant chaque numéro, indiquent que le cylindre existe en dimension «O» ordinaire, «I» inter, «S» stentor.

I.	**2491**	Chant des zouaves (le).
O.I.	**1191**	Chercheuse de Clair de Lune (la)
O.	**2378**	Dahoméenne (la) (avec clairon).
O.I.	**1193**	Dernière Sérénade (la).
O.I.	**1192**	Deux Amis (les).
O.I.	**1194**	Ma Bergère.
O.I.S.	**1248**	Marchand d'ocarinas (avec ocarina).
O.I.	**1195**	Monsieur Beau-temps.
O.I.	**1196**	Morvandiau (le).
O.I.	**1230**	Oiseaux en fête (les) (imitation d'oiseaux).
O.I.	**1254**	Pour défiler en avant (avec clairon).
O.I.	**1198**	Première Sérénade
O.I.	**1200**	Prince et Bergère.
O.I.	**1256**	Régiment en marche (le).
I.	**2456**	Ripiti-pi-houit.
O.I.S.	**1250**	Siffleur d'Oiseaux (le).
O.I.	**1235**	Sérénade des Coucous.
I.	**1236**	Sur le Pont d'Avignon.
O.I.	**1237**	Tourterelle et Tourtereau.
O.I.	**1241**	Trois farceurs de Pinsons.
O.I.	**1251**	Turcos (les) (avec clairon).
O.I.	**1238**	Tyrolienomanie.
I.	**1252**	Un Tas de Bêtises.
O.I.	**1150**	Zouaves et Turcos (avec clairon).

CYLINDRES ARTISTIQUES DU RÉPERTOIRE
CHARLESKY

Tyroliennomaniste de l'Alhambra
chantés par lui-même

O.	**1215**	Départ du Pâtre (le).
O.	**1222**	Enfant du Tyrol (l').
O.I.	**4889**	Nature et Soleil (avec orchestre).
O.I.	**4891**	Amour Alsacien (avec orchestre).

CYLINDRES ARTISTIQUES DU RÉPERTOIRE BRUANT

chantés par

BUFFALO

du Cabaret Bruant

O.I.	**1500**	A Batignolles.
O.I.	**1506**	A Biribi.
O.I.	**1494**	A Grenelle.
O.I.	**1503**	A la Bastille.
O.I.	**1502**	A la Chapelle.
O.I.	**1501**	A la Glacière.
O.I.	**1492**	A la Goutte-d'Or.
O.I.	**1493**	A la Madeleine.
O.I.	**1491**	A la Place Maubert.
O.I.	**1498**	A la Roquette.
O.I.	**1499**	A la Villette.
O.I.	**1495**	A Mazas.
O.I.	**1505**	A Montmartre.
O.I.	**1504**	A Montparnasse.

Cylindres PATHÉ Dans les commandes il est indispensable d'indiquer les numéros et la dimension des cylindres.

o.i.	1496	A Montrouge.	o.i.	1524	Cent-treizième de ligne (le).
o.i.	1497	Amoureux.			
o.i.	1509	A Saint-Lazare.	o.i.	1522	Chat Noir (le).
o.i.	1510	A Saint-Ouen.	o.i.	1520	Coquette.
o.i.	1508	Au Bois de Bou-logne.	o.i.	1521	Côtier.
			o.i.	1540	Fin de Siècle.
o.i.	1490	Au Bois de Vin-cennes.	o.i.	1562	Noire (la).
			o.i.	1551	Petits Joyeux (les).
o.i.	1507	Aux Bat' d'Af'.	o.i.	1570	Plus de Patrons.
o.i.	1516	Bavarde.	o.i.	1581	Serrez vos Rangs.
o.i.	1515	Belleville - Ménil - montant.			

CYLINDRES ARTISTIQUES
DU RÉPERTOIRE BRUANT

chantés par

CHARLUS

de l'Alcazar

o.i.	3279	A Batignolles.	o.i.	3287	Au Bois de Bou-logne.
o.i.	3285	A Biribi.			
o.i.	3273	A Grenelle.	o.i.	3269	Au Bois de Vin-cennes.
o.i.	3282	A la Bastille.			
o.i.	3281	A la Chapelle.	o.i.	3286	Aux Bat' d'Af'.
o.i.	3280	A la Glacière.	o.i.	3290	Belleville - Ménil - montant.
o.i.	3271	A la Goutte-d'Or.			
o.i.	3272	A la Madeleine.	o.i.	3295	Cent-treizième de ligne (le).
o.i.	3270	A la Place Maubert			
o.i.	3277	A la Roquette.	o.i.	3294	Chat Noir (le).
o.i.	3278	A la Villette.	o.i.	3293	Côtier.
o.i.	3274	A Mazas.	o.i.	3264	Noire (la).
o.i.	3284	A Montmartre.	o.i.	3297	Petits Joyeux (les).
o.i.	3283	A Montparnasse.	o.i.	2150	Serrez vos Rangs (avec clairon).
o.i.	3275	A Montrouge.			
o.i.	3288	A Saint-Lazare.	o.i.	4722	Serrez vos Rangs (avec orchestre).
o.i.	3289	A Saint-Ouen.			

CYLINDRES ARTISTIQUES DU RÉPERTOIRE
CHARLUS

de l'Alcazar

chantés par lui-même

o.i.	2166	Adèle, t'es belle.	o.i.	1908	Ah ! la ! la ! Clara ! (cri populaire).
o.i.	1752	A droite au fond.			
o.i.	2135	Agitez.	o.i.	1750	Ah ! la Pauvre Fille.
o.i.	2152	Ah ! c'est la barbe !			

Cylindres PATHÉ Les lettres O. I. S., placées devant chaque numéro, indiquent que le cylindre existe en dimension « O » ordinaire, « I » inter, « S » stentor.

O.I.	4724	Ah ! le joli jeu (avec orchestre).
O.I.	2020	Ah ! les Poires.
O.I.	1991	Ah ! mes Enfants.
O.I.	4729	Ah! si vous voulez d'l'amour (avec orchestre).
O.I.	2124	A la future Exposition (avec piston)
O.I.	1885	A l'Hôtel du n° 3.
I.	2569	Allons, Mademoiselle.
O.I.	2343	Amis de Monsieur (les).
O.I.	2164	Amour à la vapeur (l').
O.I.	2140	Amour boîteux (l').
O.I.	4723	Amour boîteux (l') (avec orchestre).
I.	2505	Amour malin (l').
O.I.	4725	Amour noir et blanc (avec orchestre).
O.I.	1992	Anglais entêté (l').
O.I.S.	2167	As-tu vu la Brosse?
O.I.	2158	A tous les coups l'on gagne.
O.I.	2162	Au Restaurant de Cupidon.
O.I.	2103	Au Rideau ! (avec orchestre).
O.I.	2168	Avec ma Petite Femme.
O.I.	1263	Aventure espagnole (avec sifflet).
I.	2013	Baignade (la).
I.	2116	Baigneuse de Beaucaire (la) (avec orchestre).
I.	1268	Bal blanc.
O.I.	1813	Ballade des Agents (la).
O.I.	2128	Baptême en Fanfare (le) (avec orchestre).
I.	2090	Belles Relations.
O.I.	2361	Benjolette (la) (avec orchestre).
O.I.	4730	Bidons d'eau (les) (chansonnette militaire) (avec orchestre).
O.I.	2575	Blagues de l'Amour (les).
O.I.	2187	Boîte d'Échantillons (la).
O.I.	2096	Boîte de Chine (la).
O.I.	1886	Boiteuse (la).
O.I.	1814	Bonne du Curé (la)
O.I.	2348	Cake-Walk (le).
O.I.	2007	Carabistouilles de Van der Pett (les)
O.I.	1277	C'est gentil d'être venu.
O.I.	1791	Cette Petite Femme-là.
O.I.	1280	C' Gredin d' Printemps.
O.I.	1889	Chagrins maternels.
O.I.	2036	Chanteur des Cours (le).
O.I.	1304	Chantre de Saint-Cucufa (le).
O.I.	1793	Chauffeur d'Automobile.
O.I.	2127	Chef d'orchestre (le) (avec orchestre).
O.I.	2000	Chez sa Couturière
O.I.	1311	Chichirinette (la) ou la Chichirinella.
O.I.	2180	Choix d'un Domestique (le).
O.I.	2345	Chopin (le).
O.I.	1360	Circulez.
O.I.	3187	Cocu.
O.I.	2174	Collaboration (la).
O.I.	1411	Comica Serenada.
O.I.	2119	Conversation musicale (avec violon et piston).
O.I.	2153	Correspondance moderne.
O.I.	2943	Cris de Paris (les).
O.I.	2176	Culotte du Menuisier (la).
O.I.	2040	Dans les sentiers (avec sifflet).
O.I.	1954	Demoiselles à marier (les).
O.I.	1301	Derrière la Musique militaire.

Cylindres PATHÉ   **Dans les commandes il est indispensable d'indiquer les numéros et la dimension des cylindres.**

I.	2083	D'quoi qu'on se plaint.
o.I.	1303	Drapeau vert et Bâton blanc.
o.I.	1305	Employés d'Administration (les).
o.I.	2129	Enflammé (l') (avec orchestre).
o.I.	1887	En revenant de la Revue.
o.I.	2089	En sondeur.
I.	2110	...Et merci (avec orchestre).
o.I.	1898	Et ta Sœur.
I.	2365	Exploits d'une Cantinière (les).
o.I.	1309	Exploits d'un Trombone (les).
o.I.	2141	Façon de présenter (la).
o.I.	2387	Facteur et Rosière.
o.I.	1396	Family-House.
o.I.	2104	Fanchette (la).
o.I.	2390	Femme tatouée (la)
o.I.	2363	Feuille pousse (la) (avec orchestre).
o.I.	2079	Fifille à sa Mère (la)
o.I.	2199	Fille de Parthenay (la).
o.I.	1899	Flegme (le).
o.I.	1998	Fleurs et Plumes.
o.I.	2107	Foin (le).
o.I.	1332	Garçons de Recette (les).
o.I.	1320	Gardez-vous fillettes.
o.I.	1316	Gendarmes qui passent (les).
o.I.	1910	Grain de beauté.
o.I.	1550	Grandes Manœuvres (les) (avec clairon).
o.I.	2397	Gratifications.
I.	2015	Gratte-moi.
o.I.s.	1803	Grosse Dame (la).
o.I.	1909	Héloïse et Abélard.
o.I.	2201	Hue, Cocotte.
o.I.	1944	Idioties.
o.I.	1428	Idylle normande.
o.I.	1940	Inauguration (l').
o.I.	3185	Innocent.
o.I.	1318	J'ai la cosse !...
o.I.	1806	J'ai perdu ma Gigolette (avec clarinette).
o.I.	1807	J'ai quéqu'chose qui plaît.
o.I.	2203	Je vous y prends.
o.I.	2210	J'm'enfichiste (le).
o.I.	4733	Jolie Boîteuse (la).
o.I.	4728	Joséphine-Polka (avec orchestre).
o.I.	1325	J'sais pas.
o.I.	1329	J'suis beau.
o.I.	1330	Kic-King (le).
o.I.	1335	Levrette de la Marquise (la).
o.I.	1999	Licencié (le).
o.I.	2230	Ma chère, si tu savais.
o.I.	1284	Ma Mère m'a mariée.
o.I.	2446	Ma Ninette.
o.I.	2576	Ma Peau d'Espagne (Mattchiche) (avec orchestre).
o.I.	2148	Ma Petite Gueugueule.
o.I.	1948	Marchand de Robinets (le).
o.I.	2769	Marchand de Tringles (le).
o.I.	2094	Marche des Ombres (la) (avec orchestre).
o.I.	2154	Marie ! Marie ! Marie !
I.	2570	Médecin rigolo (le).
o.I.	2207	Ménage Benoît (le)
I.	2543	Ménétrier Thomas (le) (avec violon).
o.I.	2416	Monde en sept jours (le).
o.I.	2444	Monôme des Écoles (le).
I.	1790	Mon Pensionnaire.
I.	2019	Mouches qui volent (les).
o.I.	2362	Ne mange pas tout (avec orchestre).
o.I.	2370	N'en dégoûtez pas les autres.
o.I.	2102	Nibé ! Nibé ! Nib ! (avec orchestre).
o.I.	1288	Nina (chon napolne).
o.I.	2233	Ni trop, ni trop peu.

Cylindres PATHÉ Les lettres O. I. S., placées devant chaque numéro, indiquent que le cylindre existe en dimension « O » ordinaire, « I » inter, « S » stentor.

O.I.	2151	Noce d'un Chef d'Orchestre (la) (avec orchestre).
O.I.	2157	Noce du Trombone (la) (avec trombone).
O.I.	2070	Noctambules (les).
O.I.	2182	Ode au Chameau.
O.I.	2136	Œuf à la coque (l').
O.I.	2631	Ohé Dupont ! Ohé Dubois !
O.I.S.	2159	Oh ! Mossieu.
O.I.	1369	On dirait que c'est toi.
O.I.	2117	On s'crève.
O.I.	2719	Ouvreuse (l').
O.I.	2106	Paimpolaise (la).
O.I.	1321	Pâle des Jambes.
O.I.	2149	Pandore.
O.I.	1273	Partie carrée.
O.I.	1812	Pauvre Ouverrerier (le).
O.I.	2209	Paysan antirépublicain (le).
O.I.	1947	Pendu (le).
O.I.	2434	Père Barbançon (le).
O.I.	2360	Permis de Pêche (le) (avec orchestre).
O.I.	2008	Petite Femme pas cher.
O.I.	2220	Petite Paroisse (la).
O.I.	4721	Petite Tonkinoise (la) (avec orchestre).
O.I.	4734	Petite Bretonne (la) (avec orchestre).
O.I.	2725	Petites bonnes d'hôtel (les).
O.I.	1272	Petites Chatteries.
O.	2347	Petits Biens (les).
O.I.	2139	Piston embarrassé (le) (avec piston).
O.I.	2728	Plaisirs montmartrois.
O.I.	2143	Polka des Camelots (avec sifflet).
O.I.	1353	Pompier de Service (le).
O.I.	2078	Pour avoir la Fille.
O.I.	1354	Printemps s'avance (le).
O.I.	1955	P'tit Cochon (le).
I.	2087	P'tite Fanchette (la).
O.I.	1337	P'tite femme étonnante.
O.I.	2448	Qualificatifs.
O.I.	1832	Quand j'suis une Modiste (avec orchestre).
O.I.	2447	Quand on a travaillé.
I.	2085	Quand revient l' Printemps.
O.I.	2080	Qui veut des Plumes de Paon ?
O.I.	1302	Qui veut des prunes ? (chanson agenaise).
O.I.	2457	Recettes utiles.
O.I.	2100	Réponses imprévues (les) (avec orchestre).
O.I.	2735	Restaurants à 23 sous (les).
O.I.	2449	Rideau de Catherine (le).
O.I.	2736	Rupture.
O.I.	1938	Saint - Bout - en - Train (la).
I.	2086	Saison des pommes (la).
O.I.	1949	Sale Rosse (la).
O.I.	2310	Sérénade au pharmacien.
O.I.	2088	Sérénade du Baigneur.
I.	2084	Si ça te va.
O.I.	1342	Sifflomane (le) (avec sifflet).
O.I.	2172	Sifflomanie (avec sifflet).
I.	2081	Si qu'on serait Fleur.
O.I.	1310	Si tu n'as pas le ziboulard.
O.I.	2251	Sonnerie d'alarme (la).
O.I.	1939	Statues en goguette (les).
O.I.	1835	Sur le Boul'Mich.
O.I.	1777	Tabac du Capitaine (le).
O.I.	2615	T'as les Palmes académiques.
O.I.	2518	Taxamètre (le).

O.I.	1368	Terrible Méridional (le).
O.I.	2095	Tirelonlaire, la Cantinière.
O.I.	2255	Tirez le Rideau.
O.I.	1775	Toinette et Colin (avec sifflet).
O.I.	4726	Tous en chœur (refrain en chœur) (avec orchestre).
I.	2205	Toutes les deux.
O.I.	2169	Tra la la.
I.	2542	Trémoussez - vous donc (avec violon).
O.I.	1283	Tripière (la) et le Tambour-Major.
O.I.	1375	Un air de Mazurka.
O.I.	1907	Un Bal à l'Hôtel de Ville.
O.I.	2097	Un Bal chez le Sénateur (avec orchestre).
O.I.	2260	Un Coup de Soleil (avec sifflet).
O.I.	4720	Un Coup de Soleil (avec orchestre).
O.I.	1371	Un Drame à Falaise.
O.I.	2616	Un Drame sur le P.-L.-M.
O.I.	2261	Une Maison tranquille.
O.I.	2208	Un Miracle.
O.I.	2138	Un Quadrille à la Préfecture (avec orchestre).
O.I.	2183	Un Tas de bêtises (avec clarinette).
O.I.	2099	Valse de la mariée (la).
O.I.	2101	Valse de la patronne (la).
O.I.	2479	Valse des Cocus (la).
I.	3298	Vie (la).
I.	2112	Viens nous-en (avec orchestre).
O.I.S.	2344	Viens Poupoule (avec orchestre).
O.I.	2215	Vieux Normands (les).
O.I.	1958	Vieilles Cocottes (les).
O.I.	1957	Vierges (les).
O.	1780	Virgule, un point, c'est tout.
O.I.	2357	Vive la Liberté.
O.I.	2211	V'là le Rétameur (avec casserolle).
O.I.	1317	Vous ne m'aurez pas.
O.I.	2146	Vrai Diabolo (lè).
O.I.	1313	Y a qu' l'amour.

DUOS

CHARLUS ET Mme ROLLINI

O.I.	3039	Alphonse et Nana.
O.I.	3048	Amants.
O.I.	3017	Amour à l'enchère (l').
O.I.	3014	Cantiniers (les).
O.I.	3009	Chandelle (la).
O.I.	3023	Chez la Gantière.
O.I.	3013	Cocotte et Potache.
O.I.	3041	Examen (l').
O.I.	3049	Leçons de Choses.
O.I.	3025	Ménage Parisien (le).
O.I.	3016	Merci bien.
O.I.	3019	Musique d'anti - chambre.
O.I.	3027	Nos Domestiques.
O.I.	3021	Oscar et Eulalie.
O.I.	3015	Page d'Amour.
O.I.	3035	Pas de Fumerons.
O.I.	3037	Paul et Virginie.
O.I.	3018	Petite Flûte et Cordon Bleu.
O.I.	3043	Trois pour un sou.
O.	3054	Trombone et sifflet.
O.I.	3053	Trompette et tambour.
O.I.	3029	Vélocipédards (les)
O.I.	3031	Vive la Musique militaire.

Cylindres PATHÉ Les lettres O. I. S., placées devant chaque numéro, indiquent que le cylindre existe en dimension « O » ordinaire, « I » inter, « S » stentor.

CHARLUS ET MARÉCHAL

O.I.	2184	A la Cabane Bambou.
O.I.	2321	Bois-sans-soif et Bec-salé.
I.	3045	Cas de Baluchon (le).
O.I.	2322	Chevaliers du Guet (les).
O.I.S.	1517	Cinq minutes chez Bruant.
O.I.	3004	Deux Répertoires (les).
O.I.	2323	Dufignard et Groslardon.
O.I.	0743	Duo de Gargousse et Flageolet (Surcouf).
O.I.S.	0749	Duo de Gibard et Michonnet (28 jours de Clairette).
O.I.	0756	Duo des Fariniers (La Boulangère a des écus).
O.I.	0754	Duo des Hommes d'Armes (Geneviève de Brabant).
O.I.	2941	Duo du Soldat de plomb (Mlle Nitouche).
O.I.	2326	En dodelinant de la tête.
I.	3006	En Vadrouille.
O.I.	2325	Gendarmes à pied (les).
O.I.S.	2337	Gendre et Belle-Mère.
O.I.	3007	Legros (scène militaire).
I.	3005	Monômes (les).
I.	3044	Noctambules (les).
O.I.	2328	Nous avons levé le pied.
O.I.	2202	Nous faisons Sentinelle.
O.I.	2336	Oui ma Sargent.
O.I.	3010	Ramollot et Ronchonnot.
O.I.	2338	Rentrons sans bruit.
O.I.	2335	Sérénade à Paméla
O.I.	2330	Soufflavide et Grattamort.
O.I.	3011	Sucecanelle et Lichamort.

MONOLOGUES

dits par

CHARLUS

de l'Alcazar

O.I.	2500	Adam et sa Moitié.
O.I.	2507	Ah ! les assassins.
O.I.	2502	Allumettes (les).
O.I.	2503	Amateur d'opéra (l')
O.I.	3276	Amoureux.
O.I.	2504	Anarchiste (l').
O.I.	2510	Anglais triste (l').
O.I.	2501	Archipatriote (l').
O.I.	3291	Bavarde.
O.I.	2515	Ben ! mon cochon.
O.I.	1266	Canard Marseillais (le).
O.I.	2520	Cas de Baluchon (le).
O.I.	2517	Chapeau-Claque (le).
O.I.	2528	Chez mes parents.
O.I.	3306	Chien d'agrément.
O.I.	1995	Cinq minutes à l'Armée du Salut.

Cylindres PATHÉ Dans les commandes il est indispensable d'indiquer les numéros et la dimension des cylindres.

o.i.	2529	Cocher syndiqué (le).
o.i.	1997	Contrôleur d'omnibus (le).
o.i.	3292	Coquette.
o.i.	2540	Défense de cracher.
o.i.	2549	Dégourdi.
o.i.	2538	Deux Marseillais (les).
o.i.	2548	Elles en veulent.
o.i.	1897	Enterrement de Chapuzot (l'), (avec orchestre).
o.i.	2018	Enterrement du scieur de long (l').
o.i.	2551	Femme et la Pipe (la).
o.i.	3296	Fin de Siècle.
o.i.	2125	Général ! Caporal ! (monologue belge).
o.i.	2561	Inscriptions bizarres (les).
o.i.	1312	Invalide belge (l').
o.i.	2559	Lettre du Cousin Baladeau.
o.i.	3301	Mal tournés (les).
o.i.	2565	Mariage Veaugratin (le).
o.i.	2562	Mémoire du Serrurier (le).
o.i.s.	2010	Muet mélomane (le) (avec piston).
o.i.	2571	Navets de Juliette (les).
o.i.	3311	On ne fait que son devoir.
o.i.	2574	Oraison funèbre d'un Auvergnat (l').
o.i.	2588	Papiers (les).
o.i.	2583	Père et l'Enfant (le).
o.i.	2589	Perroquet de ma Femme (le).
o.i.	2585	Placier Alsacien (le).
o.i.	2587	Pop ! pop ! (avec sifflet).
o.i.	2600	Poivrot socialiste (le).
i.	1571	Pus de patrons.
o.i.	2601	Qu'est-ce que c'est donc que ces manières-là ?
i.	2092	Queue (la).
o.i.	2603	Rêve de M. Schlagtrof (le).
o.i.	1912	Rigolard et Pleurnichard.
o.i.	2611	Sabre du Colonel (le).
o.i.	2610	Sales Pipelets (les).
o.i.	2612	Si qu'on serait comme eux.
o.i.	3316	Sur un banc.
o.i.s.	2530	Un bon truc.
o.i.	2608	Une Tournée d'Auvergnat.
o.i.	2440	Vieux Messieurs (les).
o.i.	2618	Visite du Major (la) (avec clairon).

CHANSONNETTES, MONOLOGUES ET MORCEAUX GRIVOIS

chantés ou dits par

CHARLUS

de l'Alcazar

o.i.	2105	Ah ! petite femme.
o.i.	2756	Amour à tous les étages (l').
o.i.	2145	Anguille (l').
o.i.	2875	Bibelots de famille (les).
o.i.	2650	Bûcheronnade.
o.i.	2523	Cachette de Rebecca (la).
o.i.	2196	Canne-flûte (la) (avec flûte).
o.i.	2757	Carillon d'amour (le).
o.i.	1951	Chapelet (le).

Cylindres PATHÉ Les lettres O. I. S., placées devant chaque numéro, indiquent que le cylindre existe en dimension « O » ordinaire, « I » inter, « S » stentor.

O.I.	2527	Chats (les).
O.I.	2758	Chez la Boulangère.
O.I.	2082	Chez le Boucher (avec orchestre).
O.I.S.	1950	Clef du Paradis (la).
O.I.	2883	Coquin d'navet.
O.I.	2142	C'que tu m'as fait.
O.I.	2760	Croupion de Mme Tringlette (le).
I.	1359	Démission de St-Pierre (la).
O.I.	2887	Femme du Roulier (la).
O.I.	2137	Fille de Jean-Pierre (la).
O.I.	2770	Fontainier (le).
O.I.	2886	Gaule (la).
O.I.	2761	Idylle.
O.I.	2232	Leçon de billard (la).
O.I.	1961	Leçon de cor (la) (avec cor).
O.I.	1963	Leçon de couture (la).
O.I.S.	2768	Leçon d'Epinette (la) (avec clarinette).
O.I.	1809	Madame Camus.
I.	1358	Marchand de goupillons (le).
O.I.	2881	Mémoires d'une Clarinette (les) (avec clarinette).
O.I.	2568	Minette.
O.I.	2888	Mon Frère.
O.I.	2767	Mon Zipholo.
O.I.	2762	Motif (le).
O.I.	2144	Noces de Fanchette (les).
O.I.	2160	Nuit d'hôtel (avec piano et piston).
O.I.	2763	Onguent (l').
O.I.	2877	Paris instantané.
O.I.	2359	Petit Panier (le) (avec orchestre).
O.I.	4737	P'tit objet (le), (avec orchestre).
O.I.	2882	Pilules de Groscollard (les).
O.I.	2602	Q. de Catherine (le).
O.I.	2134	Que je n'ose pas dire.
O.I.	1772	Rien qu'un doigt.
O.I.	2450	Rouleaux de papier (les).
O.I.	2351	Sommier de Marinette (le).
O.I.	2764	Songe de ma femme (le).
O.I.	2765	Statuette (la).
O.I.	2194	Tribulations d'un Pipelet (les) (avec cloche).
O.I.	2623	Un vieux Ménage.
I.	2091	Vieux Chat de grand'mère (le).
O.I.	2766	Visite (la).
O.I.	2270	Visite du Commissaire (la).

CYLINDRES ARTISTIQUES

chantés par

CHAVAT & GIRIER

de la Scala

O.I.	2239	Défauts de l'épicier (les).
O.I.	2242	Électeur et Candidat.
O.I.	2238	Fou d'une chanteuse.
O.I.	2241	Fripon Fripaine.
O.I.	2246	Je demeure au second
O.I.	2240	Lecture à la caserne (la).
O.I.	2247	Lettre anonyme.
O.I.	2243	Quelle femme est-ce ?
O.I.	2244	Réservistes rigolos (les).
O.I.	2237	Un marchand de vin qui n'entend rien.

Cylindres PATHÉ Dans les commandes il est indispensable d'indiquer les numéros et la dimension des cylindres.

CYLINDRES ARTISTIQUES
chantés par
DALBRET
de l'Alhambra et des Ambassadeurs

O.I.	145'7	Allons souper.
O.I.	1437	Amour malin (l').
O.I.	1483	Amour n'a pas de saison (l').
O.I.	1787	A ta porte.
O.I.	1485	Benjolette (la).
O.I.	1554	Caillettes (les).
O.I.	1747	Catherine (chanson napolitaine avec refrain à 2 voix).
O.I.	1472	C'étaient deux petits gosses.
O.I.	1447	C'était un pauvre clown.
O.I.	1518	Chaperon Rouge.
O.I.	1488	Des Mots, des Phrases.
O.I.	1469	Enfin c'est fini.
O.I.	1743	Garde ton cœur Madeleine.
O.I.	1485	Histoire d'un Corset.
O.I.	1512	Ils s'amusent.
O.I.	1722	Lettre tendre.
O.I.	1751	Lina.
O.I.	1725	Lison l'enjoleuse.
O.I.	1463	Loup y es-tu ?
O.I.	1468	Maîtresse chérie.
O.I.	1552	Ma Peau d'Espagne (Mattchiche).
O.I.	1737	Marche gracieuse.
O.I.	1479	Marseillaise d'amour (la).
O.I.	1484	Ne me chasse plus.
O.I.	1471	Neurasthénie (la).
O.I.	1555	Névrosinette (avec orchestre).
O.I.	1514	Ninon voici les roses (chanson-valse) (avec orchestre).
O.I.	1545	Pauvre Bougre (le) (parodie du vieux mendiant)
O.I.	1482	Perroquet et le Phonographe (le).
O.I.	1448	Petit portrait (le).
O.I.	1748	Petite princesse.
O.I.	1475	Polka des compliments.
O.I.	1746	Pour l'amour. (Sur les motifs de Christmas-Valse)
O.I.	1749	Quand l'amour chante.
O.I.	1745	Robes de Colibri (les).
O.I.	1453	Rose-Marie.
O.I.	1489	Secrétaire (le).
O.I.	1460	Sur la bouche.
O.I.	1549	Table (la), (avec orchestre).
O.I.	1546	Toute simple.
O.I.	1753	Trésors de ma mie (les).
O.I.	1788	Y a qu'l'amour.
O.I.	1473	Y s'a foutu par terre.

CYLINDRES ARTISTIQUES DU RÉPERTOIRE
DRANEM
de l'Eldorado
chantés par lui-même

O.I.	2915	A la lutte, à la lutte, à la lutte.
I.S.	2939	A mon Isabelle.
O.I.	2944	Amour blanc.
O.I.	2946	Art culinaire.
I.	2959	Beau Môme (le).
O.I.	2947	Bon Loufoc (le).
O.I.S.	2977	Bonsoir M'ssieurs Dames.

Cylindres PATHÉ Les lettres O. I. S., placées devant chaque numéro, indiquent que le cylindre existe en dimension « O » ordinaire, « I » inter, « S » stentor.

I.	2961	Bouquet de ménage (le).
O.I.	2896	Claqueur (le).
I.	2972	Dans le Pré de ma Tante.
I.S.	2969	Distractions naïves (les).
O.I.S.	2924	Enfant du Cordonnier (l').
O.I.	2913	Essais littéraires.
I.S.	2971	Falsification (la).
O.I.	2919	Faut-il continuer ?
I.S.	2965	Femme - Peintre (la).
O.I.	2895	Fille à notr'Bailli (la).
O.I.	2948	Frangin rigolo (le).
I.S.	2723	Gardien de ruines (le).
O.I.	2897	Guide du Jardin des Plantes (le).
O.I.	2917	J'ai un Rosier.
I.S.	2722	Je m'balance.
I.S.	2731	Langage des jambes (le).
I.S.	2729	Moules (les).
O.I.	2914	Nous nous plûmes.
I.S.	2953	Orage (l') (monologue).
I.	2966	Paternité (la).
I.S.	2970	Péchés de Poulot (les).
I.	2955	Petit Chansonnier (le).
O.I.	2899	Petits Pois (les).
I.	2983	Pourquoi célèbre.
I.	2979	Répertoire choisi.
I.	2964	Romanesque (le).
O.I.	2976	Songes trompeurs.
O.I.	2916	Soupé des Vélos.
I.	2967	Tournée m'as-tu vu (la).
O.I.	2981	Trucs de Boitaclou (les).
I.S.	2968	Un tour à la fête.
O.I.	2974	V'là l'Rétameur.
I.	2952	Voyage à Bâle.
O.I.	2918	Y en aura pour tout le monde.
I.S.	2962	Zoologie amusante (la).

CYLINDRES ARTISTIQUES
chantés par
DUTREUX (dit Cascarel)
des Concerts Parisiens

OPÉRETTES

Cloches de Corneville (les) (Planquette)

O.I.	9100	Air du Bailli.

Mousquetaires au Couvent (les) (Varney)

O.I.	9118	Je suis l'abbé Bridaine.

CHANSONNETTES

O.I.	9119	Amour à chaque étage (l').
O.I.	9146	Amour malin (l').
O.I.	9154	Ballade des Agents (la).
O.I.	9111	Bonne de Saint-Antoine (la).

o.i.	**9106**	Buvons sec.
o.i.	**9108**	Chanson du Réveil (la).
o.i.	**9148**	Chauffeur d'Automobile (le).
o.i.	**9116**	Clairon de Malheur.
o.l.	**9112**	Elle m'a eu.
o.i.	**9151**	Femme parfaite.
o.i.	**9117**	Gendarmes à pied (les).
i.	**9113**	Médecin rigolo (le).
o.i.	**9114**	Pilules de Groscollard (les).
o.i.	**9147**	Polka des Grosses Dames (la).
o.i.	**9149**	Rieur (le).
o.i.	**9150**	Sans le vouloir.
o.i.	**9109**	Sérénade du Baigneur.
o.i.	**9103**	Tramway Bruxellois (le).
o.i.	**9101**	Un Quadrille à la Préfecture (avec piston).
o.i.	**9153**	Un Rayon de soleil.

DIALOGUES

Mme MARS MONCEY ET M. DUTREUX

o.i.	**9102**	Chez le Dentiste.	o.i.	**9104**	Tapage nocturne.

CYLINDRES ARTISTIQUES DU RÉPERTOIRE

FRAGSON

de la Scala

chantés par lui-même

i.	**3215**	Adieu Grenade.	o.i.s.	**3191**	Brin de vie.
o.i.s.	**3206**	Amis de Monsieur (les).	o.i.	**3198**	Chez un Républicain.
o.i.	**3195**	Amour boiteux (l').	i.	**3229**	Comme aux premiers jours.
o.i.s.	**3208**	Amours fragiles (valse).	o.i.	**3213**	Commission (la).
o.i.	**3199**	Anglais parisien (l').	i.	**3234**	Femme de Sports.
			o.i.s.	**3194**	Flegme (le).
o.i.	**3207**	Anglais triste (l') (monologue).	i.	**3233**	Gentil Commerce (le).
o.i.	**3202**	Assuré (l').	o.i.	**3204**	Heureux d'aimer (romance).
i.	**3228**	Aveux discrets.			
o.i.	**3201**	Banjo (le) (chanson nègre).	i.	**3221**	Jolie Comédie (la).
			i.	**3230**	Lettre Cocotte.
o.i.s.	**3193**	Blondes (les).	o.i.s.	**3192**	Licencié (le).
i.	**3225**	Bosse (la).	i.	**3232**	Mauvais Amant (le).

O.I.S.	3190	Pour Elle.	I.	3224	Stances amères.
O.I.	3197	Qu'est-ce qu'y a ?	O.I.	3203	Tendresses d'A-mants (rom.)
O.I.S.	3209	Sérénade au Phar-macien.	I.	3235	Trompeuse trom-pée (la).
O.I.	3214	Simples aveux.			
O.I.	3200	Soucoupes (les).	O.I.	3212	Une Petite Femme pas cher.
O.I.S.	3196	Souliers de ma voi-sine (les).	O.I.	3211	Une Pointe de Champagne.
I.	3231	Souvenirs de Collage.			

CYLINDRES ARTISTIQUES

chantés ou dits par

FERNAND FREY

de la Cigale

I.	3127	Cidre (le) (Opéra fantaisiste) (interprété par Frey tout seul).
O.I.	3119	Cigale et la Fourmi (la) (fable qui n'est pas de La Fontaine).
O.I.	3121	Cinq Minutes à l'Armée du Salut (monologue). (Discours du Capitaine O'Kellkuit).
O.I.	3122	Cinq Minutes à l'Armée du Salut (monologue) (Discours de la maréchale Bouze).
I.	3126	Conférence de M. Esselskopf !! (discours comique).
O.I.	3169	De l'influence des poissons sur les ondulations de la mer (conférence monologue).
O.I.	3113	Fauteuil 52 (le) (monologue).
O.I.	3118	Five O'clock (chansonnette comique).
O.I.	3117	Gaîtés du Téléphone (les) (monologue).
O.I.	3123	{ Histoire de Balcine. { Poulet du Roi (le).
O.I.	3115	Légende des Grains de Beauté (la) (chanson à diction).
O.I.	3120	Métro-Ballade (fantaisie-monologue).
O.I.	3116	On n'sait pas (chanson à diction).
O.I.	3114	Réflexions sur l'Affaire Syveton (monologue-imitation).
O.I.	3131	Soupière (la), (conte gai).
I.	3125	Tour de la Cuillère (le) (conte drôlatique).
O.I.	3124	Train de Plaisir (le) (fantaisie-monologue).

Cylindres PATHÉ Dans les commandes il est indispensable d'indi-quer les numéros et la dimension des cylindres.

CYLINDRES ARTISTIQUES DE RÉPERTOIRES DIVERS
chantés ou dits par
GRISARD
des Concerts Parisiens

o.i.	1159	Adèle, t'es belle.
o.	2113	All right.
o.i.	1160	Allume ! allume !
o.i.	1179	Anarchiste (l').
o.i.	1175	Ballade des Agents (la).
o.i.	1162	Boléro de l'Étudiant (le).
o.i.	1817	Bonne du Curé (la).
o.i.	1154	Canards tyroliens (les).
o.i.	1156	C'est dans le nez qu'ça m'chatouille.
o.i.	1818	Chapelet (le).
o.i.	1165	Chercheuse de clair de lune (la).
o.i.	2488	Chez mes Parents.
o.i.	2470	Clef du Paradis (la).
o.i.	2454	Cocher syndiqué (le).
o.i.	1843	Dans les Sentiers.
o.i.	1169	Gardeuse d'Ours (la).
o.i.	2486	Gendarmes qui passent (les).
o.	2126	Lingaling.
o.i.	1168	Ma Femme et ma Pipe.
o.i.	1181	Madame Camus.
o.i.	1153	Ma Bergère.
o.i.	1767	Machtagouine (la).
o.i.	1157	Morvandiau (le).
o.i.	1883	Nous étions sept.
o.i.	2487	Oraison funèbre d'un Auvergnat.
o.i.	1180	Ousqu'est St-Nazaire.
o.i.	1824	Pauvre Ouverrerier (le).
o.i.	1264	Pendu (le).
o.i.	1167	Poivrot socialiste (le).
o.i.	1174	Q de Catherine (le).
o.i.	1178	Quand on a travaillé.
o.i.	1170	Rieur (le).
o.i.	1158	Rigolard et Pleurnichard.
o.i.	1171	Sales Pipelets (les).
o.i.	1827	Sérénade du Baigneur.
o.i.	2462	Sœur de l'Orphéoniste (la).
o.i.	1182	Un Bal à l'Hôtel de Ville.
o.i.	2453	Un Bal chez le Ministre.
o.i.	2490	Valse de la Patronne (la).
o.i.	2485	Valse des Cocus (la).

CYLINDRES ARTISTIQUES DU RÉPERTOIRE
KAM-HILL
des Concerts Parisiens
chantés par lui-même

o.i.	1078	Choux (les).
o.i.	1080	Inauguration (l').
o.i.	1077	Omnibus de la Préfecture (l').
o.i.	1076	Pendu (le).
o.i.	1075	Ronde du Garde-Champêtre (la).
o.i.	1082	Signalement (le).
o.i.	1083	Un Bal chez le Ministre.

Cylindres PATHÉ Les lettres O. I. S., placées devant chaque numéro, indiquent que le cylindre existe en dimension « O » ordinaire, « I » inter, « S » stentor.

4

CYLINDRES ARTISTIQUES DU RÉPERTOIRE
EUG. LEMERCIER
Chansonnier Montmartrois

chantés par lui-même

o.1.	**2355**	Automobile du Pape (l').	o.1.	**2352**	Pithécanthropus (le).
o.1.	**2354**	Député malgré lui (le).	o.1.	**2353**	Nouveau Petit-Poucet (le).
o.1.	**2350**	Maîtresse d'Homme marié.	o.1.	**2356**	Tailleur et Paysan.
			o.1.	**2358**	Réponses imprévues (les).

CYLINDRES ARTISTIQUES DU RÉPERTOIRE
MERCADIER
chantés par

MARÉCHAL
de l'Eldorado

o.1.	**3855**	A Bagnolet.	o.	**3951**	De Profundis d'Amour.
o.1.	**3856**	Amant philosophe (l').	o.1.	**3882**	Dites-moi si vous avez un cœur.
o.	**3871**	Amour vainqueur (l').	o.	**3881**	Donne-moi ton Baiser.
o.	**3864**	Après la rupture.			
o.1.	**3971**	Bébé à l'Église.	o.1.	**3883**	Enfants et les Mères (les).
o.1.	**3857**	Bonjour, Suzon.	o.1.	**3977**	Étoile d'Amour (l').
o.1.	**3970**	Bonsoir, Madame la Lune.	o.1.	**3885**	Il faut voir la Lune.
o.	**3877**	Brune aux jolis yeux.	o.	**3884**	J'ai placé mon Cœur.
o.1.	**3876**	Capucine (la).	o.1.	**3892**	J'ai trouvé trois Filles.
o.1.	**3869**	Celle qu'on aime.	o.	**3872**	Larmes de la vie (les).
o.1.	**3868**	Ce soir.			
o.	**3873**	C'est Polichinelle, mam'zelle.	o.	**3898**	Lettre à la Première.
o.1.	**3865**	C'était un rêve.			
o.	**3874**	Closerie aux Genêts (la).	o.1.	**3894**	Madeleine, t'en souviens-tu ?
o.	**3875**	Cœur de la Femme (le).			

O.I.	3972	Ma Ninette.		O.	3958	Près des Cieux.
O.	3897	Mimi.		O.	3863	Quand vous serez vieille.
O.	3953	Noël à Madame.				
O.	3895	Nous parlerons du Passé.		O.	3880	Quitte ta chemisette.
O.	3952	Nouveau Plaisir.		O.	3967	Refrain à Madelon.
O.	3878	Petite Femme qui passe.		O.	3966	Retour au nid.
				O.I.	3968	Rire, pleurer.
O.	3962	Petites Mères (les).		O.	3879	Riri.
O.	3870	Plaisir d'Amour.		O.	3973	Si les Femmes savaient.
O.I.	3956	Portrait de Mireille (le).				
O.	3957	Pour cueillir la Fraise.		O.	3975	Si vous le vouliez, ô Mademoiselle.
				O.I.	3976	Sixième étage (le).
O.	3961	Pour l'Amour de Dieu.		O.	3974	Sous la Forêt brune.
O.	3964	Pour plaire aux Femmes.		O.I.	3987	Suzon, t'as raison.
				O.	3978	Terre (la).
O.	3984	Pour t'avoir encore		O.I.	3979	Tour Saint-Jacques (la).
O.I.	3862	Première Visite.				
O.	3954	Premier froid.		O.I.	3983	Visite à Ninon.

CYLINDRES ARTISTIQUES DU RÉPERTOIRE

MARÉCHAL

de l'Eldorado

chantés par lui-même

ROMANCES et CHANSONNETTES

I	4636	Ah! ma p'tit' Lili (avec orchestre).
O.I.S.	2636	Amour à Séville (l').
O.I.	4626	Ange blond (avec orchestre).
O.I.	1853	A ta porte.
O.I.	2632	Au temps des Noisettes.
O.I.	1703	Avec deux sous de Pommes de terre frites.
O.I.	4634	Avec ton Souvenir (avec orchestre).
O.	0868	Baiser au Régiment (le).
O.I.S.	1598	Battez, Tambours.
O.I.	4635	Beau Bébé (avec orchestre).
O.I.	2628	Berceuse.
O.I.S.	0873	Biniou (le) (avec orchestre).
O.I.S.	0876	Boîte de Chine (la).
I.	1683	Bonjour, Mimi (avec orchestre).
I.	4638	Bonjour, toi! (avec orchestre).
O.I.	1600	Buveur philosophe (le).
O.I.	2680	Ça coûte un baiser.

O.I.	1718	Caillettes (les) (avec orchestre).
I.	1852	Ça ne vaut pas l'amour.
O.I.	2627	Capucin et Capucine.
O.I.	1611	Carmagnole des Femmes (la).
O.	2651	Ce que dit la Chanson.
O.I.S.	0904	Ce que j'aime.
O.I.	1684	Ces petites Femmes-là.
O.I.	1608	C'est le Médoc.
O.I.S.	1620	C'est si gentil.
O.I.	1378	Chagrins maternels.
O.I.S.	0883	Chanson des Blés d'Or (la).
O.I.	2642	Chanson des Clochetons.
O.I.S.	1645	Chanson des Jouvencelles (la).
I.	4637	Chansons d'Amour (les) (avec orchestre).
O.I.	1715	Chez le Boucher (chansonnette grivoise) (avec orchestre).
O.I.	2643	Cloche d'Ys (la).
O.I.	1607	Comme elles aiment.
O.I.	1697	Conseils à Ninette (avec orchestre).
O.I.S.	1619	Curé-Printemps (le).
O.I.	0911	Czarine (la).
O.I.S.	2705	Dame de Pique (la).
O.I.S.	0937	De sa Mère, on se souvient toujours.
O.I.	2646	Douce Chanson.
O.I.	1698	En vous voyant (avec orchestre).
O.I.S.	0960	Fanchette (la).
O.I.	0959	Farandole (la).
O.I.S.	1686	Faubourg s'éveille (le).
O.I.	1685	Faubourienne.
O.I.S.	1643	Femmes de la main gauche (les).
O.I.	0955	Ferme aux Fraises (la).
O.I.	1640	Fête des Parisiennes (la).
O.I.	2394	Fleurs et Plumes.
O.I.	0871	Foin (le).
O.I.	1702	Frêle Parisienne (la).
O.I.	1699	Grande Bleue (la) (avec orchestre).
O.I.	4628	Grand Jeu (le) (avec orchestre).
O.I.	2640	Homme noir (l').
O.I.	4643	J'ai tant pleuré (valse chantée) (avec orchestre).
O.I.	1704	J'aime encore mieux ma Femme.
O.I.	2671	Joyeux Chemineau (le).
O.I.	4650	Kraquette (la).
O.I.	4630	Leçon d'Histoire sainte (la) (avec orchestre).
O.I.	2644	Légende de Saint-Nicolas (la).
O.I.	1661	Légende des Trottins (la).
O.I.	2057	Lettre à la Margotte.
O.I.	2641	Lettre d'un petit soldat.
O.I.	1673	Ma Femme.
O.I.	4629	Ma mie Pâquerette (avec orchestre).
O.I.	2420	Ma petite Michette.
O.I.S.	1668	Marche des Cambrioleurs (la).
O.I.S.	2704	Marche des Gamins de Paris (la).
O.I.	4624	Marche Gracieuse (avec orchestre).
O.I.	2418	Marche russe.

Cylindres PATHÉ Dans les commandes il est indispensable d'indiquer les numéros et la dimension des cylindres.

o.i.	1719	Mariage de Gontran (le) (avec orchestre).
o.i.	1701	Marquise.
o.i.	4623	Méfie-toi, Lisette (avec orchestre).
i.	1850	Mendiant d'amour.
o.i.	2714	Meunière du Joli Moulin (la).
o.i.	1854	Midinette-Marche (la).
o.i.s.	2108	Midi qui sonne.
o.i.	4642	Mic Jolie ! (avec orchestre).
o.i.	4622	Mimosa (avec orchestre).
o.i.	2410	Mon Grand-Père.
o.i.	2715	Moussaillon (le).
o.i.s.	1682	Neige (la).
o.i.	1815	Ne joue pas avec ça !
o.i.	1706	Nibé ! Nibé ! Nib ! (avec orchestre).
o.i.	1690	Ninon voici les roses (avec orchestre).
o.i.	1648	Ohé ! Monsieur le Tavernier.
o.i.	0880	On s'crève.
o.i.	4625	Où est le bonheur ! Mesdames ? (avec orchestre).
o.i.s.	1051	Paimpolaise (la) (avec orchestre).
o.i.	1689	Parisienne-Polka.
o.i.	1716	Parisiens en villégiature (les) (avec orchestre).
o.i.	1705	Partie de campagne.
o.i.	4631	Pastorale (avec orchestre).
i.	1820	Patrouille d'amour.
i.	1846	Peines et Plaisirs.
o.i.	1720	Perrette (avec orchestre).
o.i.s.	1691	Petit-Bleu bourguignon (le).
o.i.	3477	Petit Bordeaux (le).
o.i.	1069	Petit Caporal (le).
o.i.	1890	Petit Nid de Pierrot (historiette).
o.i.	1700	Petit Portrait (le) (avec orchestre).
o.i.	1688	Petits Chagrins et grandes Peines.
o.i.	1708	Petits Pavés (les).
o.i.	1713	Poste restante (avec orchestre).
o.i.	4627	Poule chanteuse (la) (avec orchestre).
i.	1851	Printemps chante (le).
o.i.	1067	Printemps dans mon verre (le).
o.i.s.	2369	Promenade sous bois.
i.	4640	Quand l'amour casque (avec orchestre).
o.i.	2687	Quand nous serons vieux.
o.i.	1709	Quartier en ballade (le).
o.i.	1084	Qui veut ma Brune ?
o.i.	1714	Rien que ton Baiser.
o.i.	1819	Robes de Colibri (les).
o.i.	1858	Rois du Pavé (les).
o.i.	1888	Rose à Margot (la).
o.i.	1810	Ruban violet.
o.i.	2652	Saute Margot.
o.i.	4641	Sérénade à Magali (avec orchestre).
o.i.s.	2629	Sérénade des Mandolines.
o.i.	1114	Sérénade du Pavé.

Cylindres PATHÉ Les lettres O. I. S., placées devant chaque numéro, indiquent que le cylindre existe en dimension «O» ordinaire, «I» inter, «S» stentor.

O.I.	**1695**	Sérénade Printanière (avec orchestre).
O.I.	**1721**	Songe rose.
O.I.	**2664**	Tambours du Régiment (les).
I.	**4639**	Tango Parisien (le) (avec orchestre).
O.I.	**1121**	Temps marche (le).
I.	**2624**	Testament de Pierrot (le).
O.I.S.	**1124**	Tonneau de maître Pierre (le).
O.I.	**1811**	Tout passe un jour.
O.I.	**1712**	Toute simple (avec orchestre).
O.	**2469**	Tripière et Tambour-Major.
I.	**1848**	Une Noce à Pékin.
O.I.	**4633**	Une soirée au Jardin des Plantes (avec orchestre).
O.I.	**1679**	Vacances du Parisien (les).
I.	**2314**	Valse des Midinettes (la).
O.I.	**2371**	Valse des Pierreuses (la).
O.I.	**2098**	Valse polissonne (la).
O.I.	**4621**	Valsons, Populo (avec orchestre).
O.I.S.	**1740**	Verse toujours, Lisette.
O.I.	**1669**	Versez à pleins Bords.
O.I.	**2109**	Versez encore, versez morbleu.
O.I.S.	**1739**	Vicaire de mon village (le).
O.I.	**1144**	Vieux Mendiant le).
O.I.	**1744**	Vieux Voyou (le).
O.I.	**1741**	Vin rosé (le).
O.I.	**2648**	Vive la Chanson !
O.I.	**1654**	Vive la Femme !
O.I.	**1657**	Vive l'Armée !
O.I.	**1742**	Vous en auriez fait autant.
O.I.	**2660**	Voyage à Robinson (le).
O.	**3899**	Yeux de l'aimée (les).

CHANSONS POPULAIRES NAPOLITAINES

Traduction française, chantées par

MARÉCHAL

de l'Eldorado

I.	**2658**	A Frangesa (La Française).		O.I.	**1855**	O sole mio (mon soleil).
I.	**2653**	Carmela.		I.	**2654**	Santa Lucia.
I.	**2656**	Margarita.				

CYLINDRES ARTISTIQUES DU RÉPERTOIRE
FRAGSON

chantés par

MARÉCHAL

de l'Eldorado

o.i.	2280	Blondes (les).	o.i.	2302	Licencié (le).
o.i.	2281	Brunes (les).	o.i.	2595	Une Petite Femme pas cher.
o.i.	2276	Chez sa couturière.			
o.i.s.	2282	Coquille (la).	o.i.	2308	Une Pointe de Champagne.
o.i.	2290	Flegme (le).			

CYLINDRES ARTISTIQUES DES
RÉPERTOIRES DIVERS

chantés par

MARÉCHAL

de l'Eldorado

o.i.	1822	Auprès de ma Blonde.	o.i.	2069	Môme aux grands yeux (la).
i.	1847	Avare (l').	o.i.	1821	Où donc que ça s'en va ?
o.i.s.	1996	Chanteur bavard (le).	o.i.	1826	Puces (les).
i.	1859	Coucher de Soleil.	o.i.	2460	Sale Rosse (la).
o.i.	2703	Jour d'Exposition dans les Grands Magasins.	o.i.	2498	Un Monsieur chatouilleux.
o.i.	1805	Lancier de M. le Préfet (le).	o.l.	2481	Valse des Chopines (la).
o.i.	2404	Ma Mère m'a mariée.	o.i.	2386	Viens Poupoule.
			o.i.	3172	Vigne au Vin (la)

DUOS
MARÉCHAL ET Mlle ANNA THIBAUD

i.	1901	C'est une Ingénue.	i.	1902	Curé et sa Servante (le) (vieille chanson).
i.	1904	Colinette.			
i.	1903	Corbleu Marion.			

Cylindres PATHÉ Les lettres O. I. S., placées devant chaque numéro, indiquent que le cylindre existe en dimension « O » ordinaire, « I » inter, « S » stentor.

MARÉCHAL ET ALBERTINI

o.	3134	Boléro de l'Étudiant (le).	o.	3142	Doux Écho.
o.	3136	Cascarinette.	o.i.	3133	Ma Bergère.
o.	3137	Chercheuse de Clair de Lune (la)	o.	3141	Monsieur Beautemps.
o.i.	3138	Deux Amis (les), Tyrolienne du Coucou.	o.i.	3135	Morvandiau (le).
			o.	3140	Tourterelle et Tourtereau.

CYLINDRES ARTISTIQUES DU RÉPERTOIRE
KAM-HILL
chantés par
MARÉCHAL
de l'Eldorado

o.i.	3255	Gauleurs de Pommes (les).	o.i.s.	1980	Ronde du Garde-Champêtre (la).
o.i.	1959	Inauguration (l').	o.i.s.	1981	Sans le vouloir.
o.i.	1971	Omnibus de la Préfecture (l').	o.i.	2478	Un Bal à l'Hôtel de Ville.
o.i.	1970	Ous qu'est Saint-Nazaire ?	o.i.	1982	Un Bal chez le Ministre.
o.i.s.	1972	Pendu (le).	o.i.	1956	Voyage ministériel.

CYLINDRES ARTISTIQUES DU RÉPERTOIRE
PAULUS
chantés par
MARÉCHAL
de l'Eldorado

o.i.	1261	Adieu, mon vieux Paris.	o.i.	1291	Deux Noblesses (les).
o.i.	1260	Ah ! l'Amour.	o.i.	1293	Drapeau vert et Bâton blanc.
o.i.	1265	Amant de la Tour Eiffel (l').	o.i.	1289	Duelliste provençal (le).
o.i.s.	1269	Beau Chef de Musique (le).	o.i.	1296	Employés d'Administration (les).
o.i.	1270	Boiteuse (la).	o.i.	1295	En R'venant d'la Revue.
o.i.	1271	Bon Moine (le).	o.i.s.	1299	Exploits d'un Trombone (les).
o.i.	1279	Cheval du Municipal (le).	o.i.	1308	Garçons de Recettes (les).
o.i.	1282	Comica Serenada.			
o.i.	1287	Derrière la Musique Militaire.			

Cylindres PATHÉ Dans les commandes il est indispensable d'indiquer les numéros et la dimension des cylindres.

O.I.	**1307**	Gardes Municipaux (les).	O.I.	**1343**	Saint - Boute - en - Train (la).
O.I.	**1306**	Gendarmes qui passent (les).	O.I.	**1352**	Terrible Méridional (le).
O.I.	**1315**	Légion Etrangère (la).	O.I.	**1357**	Un air de Mazurka.
O.I.	**1314**	Levrette de la Marquise (la).	O.I.	**1356**	Un Drame à Falaise.
O.I.	**1324**	Père la Victoire (le)	O.I.	**1355**	Un Tour de Valse.
O.I.	**1326**	Pompier de Service (le).	O.I.	**1364**	Valse de l'Or (la).
O.I.S.	**1336**	Rieur (le).	O.I.	**1363**	Valse du Vin Rose (la).

CHANSONS DES SOIRÉES CLASSIQUES

de l'Eden-Concert et de l'Eldorado

chantées par

MARÉCHAL

de l'Eldorado

BÉRANGER

O.I.	**3431**	Bonne Vieille (la).	O.I.	**3432**	Mon habit.
O.I.	**3430**	Carillonneur (le).	I.	**3427**	Roger Bontemps.
O.I.	**3425**	Grenier (le).	O.I.	**3428**	Sénateur (le).
O.I.	**3426**	Madame Grégoire.	O.I.	**3434**	Vieux Célibataire (le).
O.I.	**3433**	Ma Grand'Mère.			
O.I.	**3429**	Mère Aveugle (la).			

Charles COLMANCE

O.	**3442**	Nini trop tôt faite.	O.	**3438**	Une noce à Montreuil.
O.	**3440**	Pauvre Enfant (la).			
O.	**3439**	Une Maison tranquille.	O.	**3441**	Un repas de famille.
O.	**3443**	Un Enfant terrible			

Pierre DUPONT

O.I.	**3444**	Bœufs (les).	O.I.	**3446**	Sapins (les).

RENARD

O.I.S.	**0882**	Chanson du Roulier (la).	O.I.	**3448**	Madeline.
O.I.	**3447**	Connais-tu l'Amour ?	O.I.	**1125**	Temps des Cerises (le).

Paul HENRION

O.I.S.	0857	Adieu Grenade.	O.I.	3876	Capucine (la).
O.I.	3450	Anniversaire (l').	O.I.S.	2041	Pandero (le).
O.I.	3451	Bords du Rhin (les).	O.I.	3449	Réveil Matin (le).
O.I.S	1599	Buvons sec.			

Gustave NADAUD

O.I	3456	Bonhomme.	O.I.	3455	On-dit (les).
O.I.	3454	Garonne (la).	O.I.	3461	Pandore.
O.I.	3453	Gros mots (les).	O.I.	3459	Réponse de l'étudiante.
O I.	3458	Lettre d'un étudiant.	O.I.	3452	Soldat de Marsala (le).
O.I.	3457	Lorette de la veille (la).	O.I.	3460	Volupté.

DARCIER

O.I.	2663	Ami soleil (l').	O.I.	3462	Madelcine.
O.I.	3468	Bataillon de la Moselle (le).	O.I.	3463	Mon p'tit Neveu.
I.	3424	Bonhomme Chopine (le).	O.I.	3464	Ne jouons pas avec le Cœur.
O.I.	3467	Canaille (la).	O.I.	3465	N'pleure pas comme ça.
O.I.	3466	Chagrin de ma voisine (le).	O.I.	3979	Tour Saint-Jacques (la).
O.I.	3469	Chanvre (le).	O.I.	2681	Versez-moi du Vin bleu.
O.I.	0929	Dans mon Verre.			
O.I.	3470	Fournaise.			

DIVERS

O.I.	3473	Chapeau de Marguerite (le).	HEMERY.
O.I.	3480	Clocheteur de nuit (le).	CLAPISSON.
O.I.	3478	Corde sensible (la).	CLAIRVILLE.
O.I.	3476	Fanfan la Tulipe.	X. X. X.
O.I.	3471	Mimi-Pinson.	A. DE MUSSET.
O.I.	3472	Musette.	H. MURGER.
O.I.	3436	Paris à cinq heures du matin.	DÉSAUGIERS.
O.I.	3437	Paris à cinq heures du soir.	DÉSAUGIERS.
I.	1857	Papillonnet.	O. DE LAGOANÈRE.
O.I.S.	3474	Risette.	ED. ABOUT.
O.I.	3475	Tirelire à Jacquot (la).	CLAPISSON.

Cylindres PATHÉ Dans les commandes il est indispensable d'indiquer les numéros et la dimension des cylindres.

MARÉCHAL

AVEC CHŒURS DE L'OPÉRA-COMIQUE

O.I.	**2114**	Chants pour le Peuple — Les Enfants de Paris. E. CHIZAT
O.I.	**2115**	Chants pour le Peuple — Ronde du pâtissier blanc. E. CHIZAT.

CYLINDRES ARTISTIQUES

chantés par

MAYOL

de la Scala

I.	**2366**	Allons Mademoiselle.		I.	**2367**	Family house.

Les chansonnettes ci-dessous sont complètes en deux cylindres.

I.S.	**3927**	Amour de Trottin.
I.S.	**3927** *bis*	Amour de Trottin *(suite)*.
I.S.	**3928**	Printemps chante (le).
I.S.	**3928** *bis*	Printemps chante (le) *(suite)*.
I.S.	**3929**	Viens Poupoule.
I.S.	**3929** *bis*	Viens Poupoule *(suite)*.

CYLINDRES ARTISTIQUES DU RÉPERTOIRE

MERCADIER

de l'Eldorado

chantés par lui-même

O.I.S.	**1595**	A Bagnolet.		I.	**1616**	Cantique aux étoiles.
I.	**1612**	Allons Madelon.				
O.I.S.	**1596**	Amant philosophe (l').		O.I.S.	**1624**	Capucine (la).
				I.	**1604**	C'est la Midinette.
O.I.S.	**1605**	Après la Rupture.		O.I.S.	**1606**	C'était un Rêve.
O.I.S.	**1597**	Bonjour Suzon.		I.	**1615**	Chiffons.
O.I.S.	**1717**	Bonsoir, Madame la Lune.		O.I.S.	**1622**	Closerie aux Genêts (la).
I.	**1592**	Brise et l'Enfant (la) (chansonnette à diction).		I.	**1603**	Dernière Barcarolle.
				O.I.S.	**1728**	Étoile d'Amour.

Cylindres PATHÉ   Les lettres O. I. S., placées devant chaque numéro, indiquent que le cylindre existe en dimension «O» ordinaire, «I» inter, «S» stentor.

O.I.S.	**1544**	Femme est un jouet (la).
O.I.S.	**1650**	Il faut voir la Lune.
O.I.S.	**1696**	Je suis le Passeur du Printemps.
I.	**1617**	Je vous ai tant aimée.
O.I.S.	**1918**	Ma Jolie.
I.	**1602**	Ni Brune, ni Blonde.
O.I.	**1681**	Ninon-Nina.
O.I.S.	**1678**	Noël à Madame.
O.I.S.	**1687**	Portrait de Mireille (le).
I.	**1601**	Pour les séduire.
O.I.S.	**1693**	Première Fleur (la).
O.I.S.	**1680**	Premier Froid.
O.I.S.	**1694**	Près des Cieux.
O.I.S.	**1710**	Quand les Lilas refleuriront.
O.I.S.	**1711**	Retour au Nid.
O.I.S.	**1547**	Selon la Saison.
I.	**1613**	Sérénade d'amour.
O.I.S.	**1773**	Silhouettes d'Amants.
O.I.S.	**1726**	Si vous le vouliez, ô Mademoiselle.
O.I.S.	**1727**	Sixième Étage (le).
O.I.	**1724**	Sous la Forêt brune.
I.	**1609**	Trois Évangiles (les).
I.	**1614**	Trois fleurs fanées (les).
I.	**1593**	Trotinette.
I.	**1618**	Trouvaille amoureuse.
I.	**1594**	Venez ma belle.
I.	**1610**	Viens donc ma Ninon.
O.I.S.	**1738**	Visite à Ninon.

CYLINDRES ARTISTIQUES

chantés par les

MINSTRELS PARISIENS

des Concerts Parisiens

O.I.	**1413**	Adieux d'amants.
O.I.	**1420**	Aubade à Carolina.
O.I.	**1414**	Ça ne vaut pas nos femmes.
O.I.	**1421**	Chipolati ! chipolata !
O.I.	**1415**	Petit Baluchon (le).
O.I.	**1416**	Retour d'Avril.
O.I.	**1412**	Sérénade à Paméla.
O.I.	**1417**	Souviens-toi (chanson napolitaine).
O.I.	**1419**	Tire-moi la jambe.

Cylindres PATHÉ **Dans les commandes il est indispensable d'indiquer les numéros et la dimension des cylindres.**

CYLINDRES ARTISTIQUES DU RÉPERTOIRE

PLÉBINS

des Concerts Parisiens

chantés ou dits par lui-même

O.I.	**2535**	Addition (l') (monologue avec piano).
I.	**2550**	Ah ! Charlotte ! (chansonnette comique).
I.	**2555**	Avocat des Animaux (l') (monologue).
I.	**2556**	C'est moi qui s'a trompé (monologue avec piano).
I.	**2539**	Chez le Gantier (chansonnette).
O.I.	**2533**	Doreur (le) (monologue avec piano).
I.	**2552**	Huissiers (les) (monologue réaliste).
O.I.	**2531**	J'm'en fous (monologue).
I.	**2541**	Mandat-Poste (le) (chansonnette).
I.	**2546**	Marche des Patrons (la) (chansonnette).
I.	**2554**	Matelas (le) (monologue avec piano).
I.	**2557**	Minette ! (monologue avec piano).
O.I.	**2536**	Nez du Sultan (le) (monologue avec piano).
O.I.	**2532**	Œil (l') (monologue).
I.	**2547**	Où qu'elle est la Justice ? (monologue).
O.I.	**2537**	Petit Croupion (le) (monologue).
O.I.	**2534**	Proprios (les) (monologue).
O.I.	**2614**	Quand tu feras un gosse (monologue comique).

CYLINDRES ARTISTIQUES DU RÉPERTOIRE

POLIN

Comique militaire

chantés par lui-même

O.	**3816**	Adoré de ces De- moiselles.	O.I.	**3804**	Balance automati- que (la).
O.I.	**3803**	Anatomie du Cons- crit (l').	O.	**3806**	Ballade du Militaire (la).
O.I.	**3792**	Automobile du Co- lon (l').	O.I.	**3827**	Belle Cuisinière (la)
O.I.	**3779**	Avec Prudence.	O.I.S.	**3805**	Boiteuse du Régi- ment (la).

Cylindres PATHÉ Les lettres O. I. S., placées devant chaque numéro, indiquent que le cylindre existe en dimension « O » ordinaire, « I » inter. « S » stentor.

O.I.	3808	Bonne de Saint-Antoine (la).
O.I.	3773	Bonne et la Maîtresse (la).
O.I.	3794	Bridou au Théâtre.
O.I.	3807	Briquemolle et son Camarade.
O.	3795	Cage du Lion (la).
O.I.	3777	Camus chez Grévin
O.I.	3790	Candeur virginale.
O.I.	3809	Ça vous fait quelque chose.
O.I.	3783	Cheval du Gosse (le).
O.I.	3772	Couveuse (la).
O.I.	1861	Départ pour Loches (le).
O.I.	3810	Dernière Carotte (la).
O.I.	3811	Elle m'a eu.
O.	3801	En route.
O.I.	3793	Frotteur de la Colonelle (le).
O.I.S.	3819	Gosse du Commandant (le).
O.I.	3799	Guigne en haut et guigne en bas.
I.S.	3394	Heureux Factionnaire (l').
O.	3812	Heureux Tourlourou (l').
I.S.	3837	Il y a le feu en ville.
O.I.	3832	Invitation d'Amour
O.I.	3780	Je viens d'être enlevé.
I.S.	3393	Joie d'être aimé (la)
O.	3813	Jolie Marchande de tabac (la).
O.I.	3802	Jurons de Bridouillac (les).
O.I.	3769	J'y comprends rien
O.I.	3829	Lecture du Rapport (la).
O.I.	3814	Lettre d'un soldat des Colonies.
O.	3767	Lilas rouge.
O.I.	3818	Ma Grosse Julie.
O.	3613	Maîtresse de piano (la) (avec orchestre) (CHRISTINÉ).
O.I.	3766	Ma P'tite Crotte.
P.S.	3389	Marche émoustillante (la).
O.I.	3817	Marchons légèrement.
O.I.	3768	Mes Petites Compensations.
O.I.	3782	Métier des Armes (le).
O.I.	3820	Moine du Commandant (le).
O.I.	3778	Mon Bain de Vapeur.
O.I.	3815	Mon Petit Cœur.
O.I.	3784	Musicien embarrassé (le).
O.I.	3787	Pauvre Sentinelle.
O.I.S.	3776	Pépin de la Dame (le).
O.I.	3774	Petit Marmot (le).
O.I.	3789	Planton embarrassé (le).
O.I.	3821	Pour m'amuser.
O.I.	3823	Promenade aux Tuileries (la).
O.I.	3822	Quand j'suis d'sortie.
O.I.	3847	Quéque chose de bien.
O.I.	1863	Questions de Louise (les).
O.I.	3797	Rajeunissement des Cadres (le).
O.I.	3848	Récit de l'Ordonnance.
O.I.	3785	Régiment en marche (le).
O.I.	3788	Rendez-vous d'Élise (le).
O.I.	3824	Rien, rien, rien.
O.I.	3825	Rigolard et Pleurnichard.
O.I.	3786	Sale Fourbi.
I.	3395	Séducteur embêté (le).
O.I.	3828	Situation intéressante.
O.I.	3836	Soldat qui s'en fiche (le).
O.I.	3765	Soldat Trottin (le).
O.I.	3826	Sortie de Baluche (la).

Cylindres PATHÉ

Dans les commandes il est indispensable d'indiquer les numéros et la dimension des cylindres.

O.I.	**3775**	Souvenir du Patelin.		O.I.	**3849**	Troupier Pompette (le).
O.	**3845**	Théâtre chez Clara (le).		O.I.	**3798**	Tu t'serais roulé.
O.I.	**3796**	Trop cher pour moi.		O.I.	**3831**	Un Drame dans la Colonne.
O.I.	**3770**	Trop froide.		O.I.	**3846**	Un Duel à mort.
O.I.	**3781**	Trottoir roulant (le)		O.I.S.	**3800**	Vénus du Luxembourg (la).
O.I.	**3830**	Troupier Bicycliste (le).		I.S.	**3388**	Voui Mignonne (Valse lente).
O.I.	**3771**	Troupier fidèle (le).				

CYLINDRES ARTISTIQUES

chantés par

VALLEZ

des Concerts Parisiens

I.	**2802**	As-tu gardé mon bouquet ?		I.	**2810**	Lettre incohérente
I.	**2813**	Avec la Demi-Mondaine.		I.	**2817**	Marche de la Paix (la).
I.	**2816**	Berceuse militaire.		I.	**2821**	Mon Bain de vapeur.
I.	**2822**	Cantinière (marche).		I.	**2812**	Quand j'suis de sortie.
I.S.	**2814**	C'est à la France.		I.	**2808**	Soldat Bathaupieux (le).
I.	**2815**	Clairon de malheur.		I.	**2804**	Sortie de Baluche (la).
I.S.	**2819**	Deux Frères.		I.	**2803**	Tribulations de Bidochat (les).
I.	**2811**	Je m'suis roulé.				
I.	**2805**	Lettre du Vendredi-Saint?		I.	**2820**	Vas-y Laridon.

DÉCLAMATIONS
dites par les célébrités suivantes :

Mme SARAH BERNHARDT
de la Comédie-Française

O.I.	**2025**	Lucie.	ALF. DE MUSSET.
O.I.	**2023**	Phèdre.	RACINE.

Mme SUZANNE DESPRÈS
de la Comédie-Française

O.I.	**3308**	Il était une fois jadis.	RICHEPIN.
I.	**3307**	Phèdre (Tirade du IIe acte).	RACINE.
O.I.	**3310**	Phèdre (Tirade du IVe acte).	RACINE.

La déclamation ci-dessous est complète en deux cylindres

I.S.	**3937**	Fragment de la Nuit de Mai.	ALF. DE MUSSET.
I.S.	**3937** *bis*	Fragment de la Nuit de Mai *(suite)*.	ALF. DE MUSSET

Mme LOUISE SILVAIN
de la Comédie-Française

I.	**3319**	Horace (rôle de Camille).	CORNEILLE.

Mlle VENTURA
Premier Prix du Conservatoire

I.	**3575**	Scène du Misanthrope.	MOLIÈRE.

COQUELIN AINÉ
de la Comédie-Française

I.	**3341**	Cyrano de Bergerac : Tirade du Duel.	E. ROSTAND.

Cylindres PATHÉ Dans les commandes il est indispensable d'indiquer les numéros et la dimension des cylindres.

SILVAIN

Sociétaire de la Comédie-Française, Professeur au Conservatoire

o.i.	3361	Animaux malades de la peste (les).	La Fontaine.
o.i.	3362	Animaux malades de la peste (les) (*suite*).	La Fontaine.
o.i.	3353	Auguste à Cinna.	Corneille.
o.i.	3379	Auguste à Cinna (Monologue).	Corneille.
o.i.	3360	Britannicus : Burrhus à Agrippine.	Racine.
o.i.	3363	Britannicus : Burrhus à Néron.	Racine.
o.i.	3380	Chat, la Belette et le petit Lapin (le).	La Fontaine.
o.i.	3364	Chêne et le Roseau (le).	La Fontaine.
o.i.	3369	Cid (le) : Rôle de Don Diégo.	Corneille.
o.i.	3359	Confession de Louis XI à François de Paule.	C. Delavigne.
o.i.	3374	Don Juan : Tirade de Don Luis.	Molière.
o.i.	3375	Don Juan : Tirade de Don Luis (*suite*).	Molière.
o.i.	3372	Entrée de Louis XI.	C. Delavigne
o.i.	3355	Fille (la).	La Fontaine.
o.i.	3367	Héron (le).	La Fontaine.
o.i.	3358	Huître et les Plaideurs (l').	La Fontaine.
o.i.	3354	Laitière et le Pot au lait (la).	La Fontaine.
o.i.	3368	Loup et l'Agneau (le).	La Fontaine.
o.i.	3373	Misanthrope (le) (5e acte).	Molière.
o.i.	3378	Namouna.	Alf. de Musset.
o.i.	3365	Phèdre : Récit de Théramène (1re partie).	Racine.
o.i.	3366	Phèdre : Récit de Théramène (2e partie).	Racine.
o.i.	3370	Tartufe à Elmire.	Molière.
o.i.	3371	Tartufe à Elmire (*suite*).	Molière.
o.i.	3357	Vieillard et les trois jeunes Hommes (le)	La Fontaine.

DE FÉRAUDY

de la Comédie-Française

o.i.	2854	A Don Juan.	de Féraudy.
o.i.	2846	Affaires sont les Affaires (les).	Oct. Mirbeau.
o.i.	2848	Barbier de Séville (le).	Beaumarchais.
o.i.	2847	Dépit amoureux (le) : Tirade du gros René.	Molière.
o.i.	2851	Disque et le Train (le).	H. de Bornier.
o.i.	2849	Femmes savantes (les) : Tirade de Chrysale.	Molière.
o.i.	2850	Fourberies de Scapin (les) : Scène des procès.	Molière.
o.i.	2856	Médecin malgré lui (le).	Molière.
o.i.	2855	Paon (le).	H. de Croisset.

Cylindres PATHÉ   Les lettres O. I. S., placées devant chaque numéro, indiquent que le cylindre existe en dimension « O » ordinaire, « I » inter, « S » stentor.

DUPARC
du Théâtre de l'Odéon

O.I.	**2785**	Aiglon (l') : Les petits Soldats.	Ed. Rostand.
O.	**3022**	Animaux malades de la peste (les).	La Fontaine.
O.I.	**2790**	Chemineau (le).	J. Richepin.
O.I.	**3026**	Chêne et le Roseau (le).	La Fontaine.
O.I.	**2788**	Chien de l'Aveugle (le).	F. Lamy.
O.I.	**3024**	Cigale et la Fourmi (la).	La Fontaine.
O.I.	**3028**	Corbeau et le Renard (le).	La Fontaine.
O.I.	**2982**	Cyrano de Bergerac : Les Cadets de Gascogne.	Ed. Rostand.
O.I.	**2975**	Cyrano de Bergerac : Scène du Balcon.	Ed. Rostand.
O.I.	**2789**	Cyrano de Bergerac : Tirade des Nez.	Ed. Rostand.
O.I.	**2793**	Dernier Marin du « Vengeur » (le).	F. Lamy.
O.I.	**2794**	Enfant de Paris (l') (scène dramatique).	Delormel et Villemer.
O.I.	**3038**	Laboureur et ses Enfants (le).	La Fontaine.
O.	**3042**	Lion et le Moucheron (le).	La Fontaine.
O.I.	**2809**	Malade imaginaire (le).	Molière.
O.	**3064**	Renard et les Raisins (le).	La Fontaine.
O.I.	**2468**	Salut au Drapeau.	R. Esse.
O.I.	**2833**	Songe d'Athalie.	Racine.

GALIPAUX
du Palais-Royal

I.S.	**3227**	La Lettre (fantaisie).	Galipaux.
I.	**2424**	Sans le vouloir (chansonnette).	Galipaux.

NUMÈS
du Vaudeville

O.I.	**3330**	A Clichy.	Numès.
O.I.	**3335**	{ Bataillon de Bohême.	Numès.
		{ J'attendrai.	Numès.
O.I.	**3336**	Crise Théâtrale (la).	Numès.
O.I.	**3320**	De Profundis.	P. Déroulède.
O.I.	**3327**	Girouette (la).	Numès et Boyer.
O.I.	**3332**	Juive errante (la).	Numès et Boyer.
O.I.	**3333**	Mon Cœur.	Numès et Boyer.
O.I.	**3329**	Père Gigogne (le).	Numès.
O.I.	**3321**	Prunes (les).	A. Daudet.
O.I.	**3331**	Radis et la Motte de Beurre (les)	Numès et Milher
O.I.S.	**3324**	Samuel et Josué.	Numès.
O.I.	**3337**	Triolets à Marie.	Numès.

Cylindres PATHÉ Dans les commandes il est indispensable d'indiquer les numéros et la dimension des cylindres.

COMPLIMENTS POUR ENFANTS

o.i.   **2902**   Pour Oncle et Tante. A l'occasion du jour de l'an.

o.   **2906**   Pour Père et Mère. A l'occasion de fête et anniversaire.

DISCOURS ET TOASTS

o.i.   **2993**   Discours de S. M. le Tsar et du Président Loubet, à la revue de Krasnoë.

o.i.   **2994**   Discours de S. M. le Tsar et du Président Loubet, au dîner de Saint-Pétersbourg.

o.i.   **3000**   Discours du Président Carnot, à Lyon.

o.i.   **3001**   Discours du Président Félix Faure, en Russie.

o.i.   **3002**   Discours du Président Félix Faure, à Saint-Étienne.

o.i.   **3003**   Discours du Révérend Père Olivier, à Notre-Dame.

CHANSONS NAPOLITAINES

chanté par :

o.i.   **4261**   Era de Maggio (Mario Costa), mélodie.   **M. SOTTOLANA.**

o.i.   **4265**   E Spingole frangese (DE LERA), chansonnette.   **M. SOTTOLANA.**

o.i.   **4263**   Marechiare (Paolo Tosti), chant   **M. SOTTOLANA.**

M. GUIDO GIALDINI

siffleur artistique

O.I.	**4192**	Avant-goût sur les joies du paradis.	HOLLÄNDER.
O.I.	**4195**	Ave Maria.	GOUNOD.
O.I.	**4187**	Chanson de la Balançoire.	HOLLÄNDER.
O.I.	**4188**	Chanson-marche.	P. LINCKE.
O.I.	**4189**	Ciribiribin (couplet).	A. PESTALOZZA.
O.I.	**4198**	Frémissement d'amour.	A. BARBIRALLI.
O.I.	**4193**	Gondolier (le) (intermezzo).	W. FOWELL.
O.I.	**4191**	Huguenots (les) (chanson des pages).	G. MEYERBEER.
O.I.	**4196**	Je siffle dessus.	HOLLÄNDER.
O.I.	**4186**	Joyeuse (la).	C. MARCHÉSI.
O.I.	**4185**	Marchand d'oiseaux (le).	G. ZELLER.
O.I.	**4199**	Modèle (le).	VON SUPPÉ.
O.I.	**4190**	O sole mio (canzonetta napoletana).	E. DI CAPUA.
O.I.	**4197**	Personne ne l'a vu.	C. LŒUR.
O.I.	**4194**	Rigoletto (ballade).	VERDI.

ORCHESTRE

OUVERTURES

Opéras, Opéras-Comiques et Opérettes

o.i.	**5001**	Caïd (le).	A. THOMAS.
o.i.	**5028**	Calife de Bagdad (le).	BOIELDIEU.
o.i.s.	**5000**	Cavalerie légère.	VON SUPPÉ.
o.i.	**5030**	Chasse du Jeune Henri (la).	MÉHUL.
o.i.	**5003**	Dame Blanche (la).	BOIELDIEU.
o.i.	**5004**	Diamants de la Couronne (les).	AUBER.
o.i.	**5002**	Domino Noir (le).	AUBER.
o.i.	**5017**	Fra Diavolo.	AUBER.
o.i.	**4991**	Guillaume Tell (1re partie).	ROSSINI.
o.i.	**4992**	Guillaume Tell (2e partie).	ROSSINI.
o.i.	**5007**	Guillaume Tell (3e partie).	ROSSINI.
o.i.	**5011**	Italienne à Alger (l').	ROSSINI.
o.i.	**5013**	Muette de Portici (la).	AUBER.
o.i.	**5016**	Noces de Jeannette (les).	V. MASSÉ.
o.i.	**5008**	Poète et Paysan.	VON SUPPÉ.
i.	**5012**	Poète et Paysan (2e partie).	VON SUPPÉ.
o.i.	**5023**	Poupée de Nuremberg (la).	ADAM.
o.i.	**5021**	Pré aux Clercs (le).	HÉROLD.
o.i.s.	**5035**	Sémiramis.	ROSSINI.
o.i.	**5009**	Si j'étais Roi.	ADAM.
o.i.	**5038**	Voyage en Chine (le)	BAZIN.
o.i.	**5027**	Zampa.	HÉROLD.

FANTAISIES

Opéras, Opéras-Comiques et Opérettes

o.i.	**5067**	Africaine (l').	MEYERBEER.
o.i.	**5071**	Bal Masqué (le).	VERDI.
o.i.	**5078**	Barbier de Séville (le) (Air de Figaro).	ROSSINI.
o.i	**5039**	Carmen.	BIZET.
o.i.	**5083**	Carmen.	BIZET.
o.i.	**5085**	Cavalleria Rusticana (Sicilienne).	MASCAGNI.
o.i.	**5150**	Chalet (le) (duo).	ADAM.

Fantaisies (*suite*)   ORCHESTRE

O.I.	5149	Chalet (le) (Grand air).	ADAM.
O.I.	5082	Charles VI.	HALÉVY.
O.I.	5084	Cloches de Corneville (les)	PLANQUETTE.
O.I.	5087	Cœur et la Main (le).	LECOCQ.
O.I.	5093	Domino Noir (le).	AUBER.
O.I.	5092	Dragons de Villars (les).	MAILLART.
O.I.	5094	Ernani (Cavatine).	VERDI.
O.I.	5095	Étoile du Nord (l').	MEYERBEER.
O.I.	5169	Faust (Air des Bijoux).	GOUNOD.
O.I.	5081	Faust (Chanson du Roi de Thulé).	GOUNOD.
O.I.	5110	Faust (Chœur des Soldats).	GOUNOD.
I.	5167	Faust (Choral des Épées).	GOUNOD.
O.I.	5168	Faust (Fantaisie).	GOUNOD.
O.I.	5097	Favorite (la).	DONIZETTI.
O.I.	5102	Fille de Mme Angot (la).	LECOCQ.
O.I.	5098	Fille du Régiment (la).	DONIZETTI.
O.I.	5099	Fille du Tambour-Major (la) (1re partie).	OFFENBACH.
I.	5101	Fille du Tambour-Major (la) (2e partie).	OFFENBACH.
O.I.S.	4993	Florentin (le).	CH. LENEPVEU.
O.I.	5100	François les Bas-Bleus.	BERNICAT ET MESSAGER.
O.I.	5103	Freyschütz (le).	WEBER.
O.I.	5112	Gillette de Narbonne.	AUDRAN.
O.I.	5014	Giroflé-Girofla.	LECOCQ.
O.I.	5010	Grande Duchesse de Gérolstein (la).	OFFENBACH.
O.I.	5109	Grand Mogol (le).	AUDRAN.
O.I.	5118	Guillaume Tell.	ROSSINI.
O.I.	5162	Hamlet.	A. THOMAS.
O.I.	5104	Huguenots (les) (Bénédiction des Poignards).	MEYERBEER.
O.I.	5183	Huguenots (les) (Plus blanche que la blanche hermine).	MEYERBEER.
O.I.	5108	Jour et la Nuit (le).	LECOCQ.
O.I.	5111	Juive (la).	HALÉVY.
O.I.	5121	Lohengrin (Adieux au Cygne).	WAGNER.
O.I.	5171	Louise.	G. CHARPENTIER.
I.	5115	Lucie de Lammermoor.	DONIZETTI.
O.I.	5170	Manon (Duo du Ier acte).	MASSENET.
O.I.	5119	Martha.	FLOTOW.
O.I.	5117	Mascotte (la).	AUDRAN.
O.I.	5165	Mignon.	A. THOMAS.
O.I.	5123	Miss Helyett.	AUDRAN.
O.I.	5114	Mireille.	GOUNOD.
O.I.	5120	Mousquetaires au Couvent (les).	VARNEY.
O.I.	5116	Muette de Portici (la).	AUBER.
O.I.	5125	Noces de Jeannette (les).	V. MASSÉ.

Cylindres PATHÉ Dans les commandes il est indispensable d'indiquer les numéros et la dimension des cylindres.

ORCHESTRE -   **Fantaisies** *(suite)*

O.I.	5124	Norma (la).	BELLINI.
O.I.	5018	Ombre (l').	FLOTOW.
O.I.	5359	Ordre de l'Empereur.	J. CLÉRICE.
O.I.	5160	Panurge (Introduction et Berceuse).	PLANQUETTE.
O.I.	5130	Petit Duc (le).	LECOCQ.
O.I.	5022	Petit Faust (le).	HERVÉ.
O.I.	5385	Prophète (le).	MEYERBEER.
O.I.	5151	Rigoletto (Comme la plume au vent).	VERDI.
O.I.	5163	Rip.	PLANQUETTE.
O.I.S.	5135	Robert le Diable.	MEYERBEER.
O.I.	5134	Roméo et Juliette.	GOUNOD.
O.I.	5148	Si j'étais Roi.	ADAM.
O.I.	5147	Tannhäuser (le) (Chœur des Pèlerins).	WAGNER.
O.I.	5146	Timbale d'argent (la).	VASSEUR.
O.I.	5143	Traviata (la)	VERDI.
O.I.	5144	Trouvère (le) (Miserere).	VERDI.
O.I.	5153	Vingt-huit jours de Clairette (les).	V. ROGER.
O.I.	5155	Vivandière (la).	B. GODARD.
O.I.	5122	Voyage en Chine (le).	BAZIN.

Opéras (Symphonies)

O.I.	82004	Barbiere di Siviglia (il).
O.I.	83044	Gazza ladra (la).
O.I.	83039	Guarany (il).
O.I.	82024	Guglielmo Tell.
O.I.	82025	Muta di Portici (la).
O.I.	83040	Poeta e Contadino.
O.I.	83025	Sé'io fossi Re.
O.I.	80156	Semiramide.
O.I.	82026	Zampa.

Fantaisies et Pots-pourris

O.I.	82005	Boccaccio.
O.I.	83011	Bohème.
O.I.	82006	Campane di Corneville (le).
O.I.	80704	Carnevale di Venezia (il).
O.I.	82028	Donna Juanita.
O.I.	82011	Duchino (il).
O.I.	82007	Elisir d'amore (l').
O.I.	82008	Ernani.
O.I.	80154	Faust.
O.I.	82013	Favorita (la).
O.I.	82014	Figlia di Madama Angot (la).
O.I.	83018	Flick e Flock.
O.I.	80155	Forza del Destino (la).
O.I.	82023	Fra Diavolo.
O.I.	80153	Gran Via (la).
O.I.	83017	Iris.
O.I.	80778	Lucia di Lammermoor. *Finale II atto.*
O.I.	83013	Manon Lescaut.

Cylindres PATHÉ   Les lettres O. I. S., placées devant chaque numéro, indiquent que le cylindre existe en dimension «O» ordinaire. «I» inter, «S» stentor.

Fantaisies et Pots-pourris *(suite)* ORCHESTRE

O.I.	**80708**	Marta.	O.I.	**82017**	Traviata (la).
O.I.	**82015**	Mascotte (la).	O.I.	**82038**	Traviata (la).
O.I.	**82018**	Miss Helyett.	O.I.	**80152**	Trovatore (il). *Miserere.*
O.I.	**80710**	Moschettieri al Covento (I),	O.I.	**80777**	Trovatore (il).
O.I.	**82016**	Norma.	O.I.	**82010**	Un Ballo in Maschera.
O.I.	**80444**	Oneghin.			
O.I.	**83016**	Pagliacci.	O.I.	**80813**	Venditore d'Uccelli (il).
O.I.	**80707**	Poupé (la).			
O.I.	**82019**	Rigoletto.	O.I.	**83041**	Walkiria (la).
O.I.	**83015**	Tosca.	O.I.	**80477**	Zazà.

MARCHES DE CONCERT

O.I.	**5381**	Chant triomphal.	MENDELSSOHN.
O.I.	**6488**	Cloches de Venise (les) (avec cloches).	LACROIX.
I.	**6039**	Corso blanc (le).	TELLAM.
O.I.	**5354**	Damnation de Faust (la) (marche hongroise).	BERLIOZ.
O.I.	**5353**	David-Marche.	STROBL.
O.I.	**5356**	Fatinitza.	VON SUPPÉ.
O.I.	**6621**	Gourko.	JAMIN-JOUBERT.
O.I.	**5177**	Hansel et Grethel.	HUMPERDINCK.
O.I.	**6081**	Marche asiatique des Croyants.	P.-A. VIDAL.
O.I.	**5362**	Marche aux flambeaux (deuxième).	MEYERBEER.
O.I.	**5363**	Marche aux flambeaux (troisième).	MEYERBEER.
I.	**5396**	Marche-Cortège de Bacchus.	LÉO DELIBES.
I.	**5504**	Marche-Cortège de Bacchus.	LÉO DELIBES.
O.I.	**5367**	Marche-Cortège de la Reine de Saba.	GOUNOD.
O.I.	**6067**	Marche cosaque.	G. PARÈS.
O.I.S.	**5352**	Marche d'Aïda.	VERDI.
O.I.	**5366**	Marche de Rodolphe.	GUNG'L.
O.I.	**5374**	Marche des Alliés.	TH. SOURILAS.
O.I.	**5386**	Marche des équipages de la Garde Russe, *arrangée par*	FARIGOUL.
O.I.	**5371**	Marche des Fiançailles (de Lohengrin).	WAGNER.
O.I.	**6631**	Marche des Gardes Françaises.	BOISSON.
O.I.	**5361**	Marche des Moujicks.	RENELLE.
O.I.	**6628**	Marche du Phono-Cinéma.	BELLANGER.
O.I.	**5370**	Marche du Tannhäuser.	WAGNER.
O.I.	**5390**	Marche de Vercingétorix.	J. CLÉRICE.
O.I.S.	**5129**	Marche du Sacre du Prophète.	MEYERBEER.
O.I.	**5380**	Marche funèbre.	CHOPIN.
I.	**5507**	Marche héroïque.	V. THIELS.
O.I.S.	**6063**	Marche indienne.	SELLENICK.

Cylindres PATHÉ Dans les commandes il est indispensable d'indiquer les numéros et la dimension des cylindres.

ORCHESTRE   **Marches de Concert** (*suite*)

o.i.	**5394**	Marche nuptiale du Songe d'une Nuit d'Été.	MENDELSSOHN.
o.i.	**5378**	Marche orientale.	XXX.
o.i.	**5365**	Marche persane.	STRAUSS.
o.i.	**5383**	Marche solennelle.	J.-H. PARÈS.
o.i.	**7194**	Marche tunisienne.	J.-H. PARÈS.
o.i.	**5358**	Marche turque.	MOZART.
o.i.	**5357**	Mes Adieux à la Hongrie.	FAHRBACH.
o.i.s.	**5379**	Patrouille turque.	MICHAËLIS.
o.i.	**5347**	Radetzky Marsch.	STRAUSS.
i.	**6191**	Retraite aux Flambeaux.	L. MAYEUR.
o.i.	**5393**	Retraite Croate.	G. MARIE.
i.s.	**6016**	Zigzag.	L. FONTBONNE.
i.	**5505**	Zoological-garden (marche américaine).	CH. THUILLIER fils.
o.i.	**82000**	Aïda, *Marcia trionfale*.	VERDI.
o.i.	**80150**	Carmen.	BIZET.
o.i.	**82009**	Gli Ugonotti.	MEYERBEER.
o.i.	**80698**	Marcia funèbre.	CHOPIN.
o.i.	**82012**	Profeta (il).	MEYERBEER.
o.i.	**82021**	Tannhäuser (le).	R. WAGNER.

MARCHES DIVERSES

o.i.	**83004**	A. I. C. C.
o.i.	**83006**	Al Campo. *Tres Arboles*.
o.i.	**80146**	Aquila.
o.i.	**82228**	Befana dei bambini (la).
o.i.	**82227**	Borsaioli (il).
o.i.	**83000**	Brasilera.
o.i.	**83001**	Cadice.
o.i.	**83009**	El Tala.
o.i.	**80773**	Gloriosa bandiera (la).
i.	**04028**	Hemesch-Marsh.
o.i.	**83008**	High School Cadets.
o.i.	**80160**	Imperiale.
o.i.	**82069**	Ituzaingo.
o.i.	**83007**	Liberty Bell.
o.i.	**80157**	Lorraine.
o.i.	**82229**	Marcia di Papà (la).
o.i.	**82205**	Milano patriottica.
o.i.	**80775**	Pattuglia Turqua (la).
o.i.	**80712**	Père la Victoire (le).
o.i.	**82206**	Principe di Piemonte. *Con fanfara*
i.	**04029**	Reunion-Marsh.
o.i.	**83010**	Ritornando dalla rivista.
o.i.	**83005**	Semper fidelis.
o.i.	**82035**	Sorelle latine.
o.i.	**81263**	Ta-rà-rà Bumm-derà !
o.i.	**82210**	Verso la méta.
o.i.	**81253**	Vindóbona. *Marcia Vienese*.
o.i.	**80772**	Voilà les soldats.
o.i.	**80774**	Volontaires (les).
o.i.	**80159**	Washington Post.

AIRS DE BALLETS
ET SUITES D'ORCHESTRE

Ballet de Coppélia (LÉO DELIBES)

O.I.	**7220**	Valse lente.
O.I.	**82110**	Ballo Coppelia.

Ballet Égyptien (A. LUIGINI)

I.	**5500**	Symphonie (exécutée sous la direction de l'auteur).

Ballet de Faust (GOUNOD)

O.I.	**7119**	Numéro 1.	O.I.	**7123**	Numéro 5.
O.I.	**7120**	— 2.	O.I.	**7124**	— 6.
O.I.	**7121**	— 3.	O.I.	**7125**	— 7.
O.I.	**7122**	— 4.			

Ballet d'Hamlet (A. THOMAS)

O.I.	**5073**	Pantomime.	O.I.	**5076**	Freïa (la).
O.I.	**5074**	Pas des chasseurs.	O.I.	**5077**	Strette Finale.
O.I.	**5075**	Valse-Mazurka.	O.I.	**7198**	Fête du Printemps

Ballet d'Hérodiade (MASSENET)

O.I.	**7153**	Phéniciennes (les).

Ballet de Sylvia (LÉO DELIBES)

I.	**5504**	Marche-Cortège de Bacchus.
O.I.	**5396**	Marche-Cortège de Bacchus.
I.	**5503**	Pizzicati.
O.I.	**7178**	Pizzicati.

Fantaisies-Ballets

O.I.	**7185**	Fantaisie-ballet.	G. PARÈS.
O.I.	**7188**	Terpsichore (fantaisie-ballet).	LOUIS GANNE.

Ballets Divers

O.I.	**82001**	Ballo Amor.	O.I.	**82022**	Fiera (la), *Fantasia con coro.*
O.I.	**83002**	Ballo Brahma.			
O.I.	**82003**	Ballo Excelsior.	O.I.	**83019**	Pavana. *Danza.*
O.I.	**83024**	Danza Cato.	I.	**83045**	Pericon. *Baile nacionale.*
O.I	**82111**	Fata delle Dambole (la).			

ORCHESTRE

L'Arlésienne (Suite d'Orchestre) (G. BIZET)

O.I.	5060	Prélude.	O.I.	7112	*Adagietto.*
O.I.	5061	Menuet.	O.I.	80661	*Intermezzo.*
O.I.S.	5062	Intermezzo.	O.I.	80662	*Minuetto.*
O.I.	5063	Carillon.	O.I.	80663	*Farandole.*
O.I.	5064	Farandole.	O.I.	80807	*Pastorale.*
O.I.	5065	Pastorale.			

O.I.   5091   Danse macabre (poème symphonique) (SAINT-SAËNS).

MORCEAUX DE GENRE

Entr'actes, Gavottes, Menuets, etc.

O.I.	7200	Amour discret (gavotte).	RESCH.
O.I.	7142	Andante religieux (avec cloches).	ALLIER.
O.I.	5152	Carnaval de Venise (le) (solo de flûte avec orchestre).	GENIN.
O.I.	7169	Cavatine.	J. RAFF.
O.I.	7212	Célèbre Menuet.	BOCCHERINI.
O.I.	7130	Cloches du Monastère (les) (fantaisie pour cloches)	LEFEBURE.
O.I.	7572	Chanson des Nids (la) (Fantaisie variée pour clarinettes).	V. BUOT.
O.I.	7203	Chrysanthème.	C. GRILLET.
O.I.	7183	Chanson du printemps.	MENDELSSOHN.
O.I.	7363	Chez l'horloger (imitation du coucou et de l'horloge).	ORTH.
O.I.	6490	Cloches du soir (les).	BELLANGER.
O.I.	7170	Confidences.	WESLY.
O.I.	7205	Danse Annamite.	MAQUET.
O.I.	6440	Diligence sous bois (1re partie).	LAIGRE.
O.I.	6441	Diligence sous bois (2e partie).	LAIGRE.
O.I.	7221	Entr'acte de Mignon.	A. THOMAS.
I.	7216	Gavotte Isabelle.	TURINE.
I.	7215	Gavotte des Mignons.	MÉLÉ.
O.I.	7168	Gavotte à Manon.	L. BILLAUT.
O.I.	7225	Gavotte Ninon.	G. PARÈS.
O.I.	7219	Gavotte Stéphanie.	CZIBULKA.
I.	7217	Gavotte Trianon.	A. VIVIER.
O.I.	7166	Gentil Page (Menuet).	FOURNIER.
O.I.	7223	Intermezzo de Cavalleria Rusticana.	MASCAGNI.
O.I.	5113	Invitation à la Valse (l').	WEBER.
O.I.	7213	Madrigal François 1er.	G. LAMOTTE.
O.I.	7173	Menuet.	BEETHOVEN.
O.I.	7214	Menuet de Manon.	MASSENET.

Cylindres PATHÉ   Les lettres O. I. S., placées devant chaque numéro, indiquent que le cylindre existe en dimension «O» ordinaire, «I» inter, «S» stentor.

Morceaux de Genre *(suite)*   ORCHESTRE

O.I.	**7161**	Napoli (tarentelle).	MEZACAPO.
O.I.	**5128**	Paloma (la) (Habanera).	YRADIER.
I.	**7140**	Petits-Fils et Grand-Père (gavotte pour cloches).	VOLK.
O.I.	**7184**	Picador (le) (boléro).	SIGNARD.
O.I.	**7171**	Propos galants (menuet).	A.-S. PETIT.
O.I.	**7192**	Rigodon.	G. PARÈS.
I.	**7204**	Sérénade de Gillotin.	GOUBLIER.
O.I.	**5137**	Sérénade hongroise.	V. JONCIÈRES.
O.I.	**7218**	Si tu voulais (bleuette).	TURINE.
O.I.	**7141**	Souvenir d'Auvergne	LACROIX.
I.	**7132**	Souvenirs de Saint-Rome (fantaisie pour cloches).	FARIGOUL.
O.I.	**7092**	Spanish Fandango (avec castagnettes).	XXX.
O.I.	**7186**	Surprise-Gavotte.	E. CHOQUARD.

Intermèdes et Menuets

O I.	**80151**	Cavalleria Rusticana. *Intermezzo.*	MASCAGNI.
O.I.	**83014**	Manon. *Minuetto.*	MASSENET.
O.I.	**82203**	Mignon. *Gavotta.*	A. THOMAS.
O.I.	**80490**	Minuetto.	BOCCHERINI.
O.I.	**80776**	Stephanie Gavotta.	CZIBULKA.
O.I.	**82190**	Preludio della cantata « Omaggio a Donizetti ».	PONCHIELLI.

Morceaux Religieux

O.I.	**6014**	Ave Maria.	GOUNOD.
O.I.	**6013**	Noël.	ADAM.
O.I.	**6010**	Prière de Moïse.	ROSSINI.

VALSES

Valses célèbres de Waldteufel

O.I.	**7252**	Amour et Printemps.		O.I.	**7312**	Patineurs (les).
O.I.	**7352**	Berceuse (la).		O.I.	**7346**	Pomone.
O.I	**7261**	Brune ou Blonde.		O.I.	**7301**	Toujours ou jamais.
O.I.	**7345**	Dolorès.		O.I.	**7304**	Violettes (les).

Valses célèbres d'Olivier Métra

O.I.	**7270**	Étoile du Soir (l').		O.I.	**7279**	Nuit (la).
O.I.	**7271**	Femmes de Feu (les).		O.I.	**7319**	Roses (les).
				O.I.	**7250**	Tour du Monde (le).
O.I.	**7311**	Gambrinus.		O.I.	**7305**	Vague (la).

Cylindres PATHÉ   **Dans les commandes il est indispensable d'indiquer les numéros et la dimension des cylindres.**

ORCHESTRE

Valses d'auteurs divers

o.i.	**7337**	Aimer toujours.	H. PARADIS.
o.i.	**7335**	Alsacienne (l').	LAURAIN.
o.i.	**7347**	A mi Querida.	A. GAUWIN.
o.i.	**7254**	Amourettes (les).	GUNG'L.
o.i.	**7353**	Amoureuse.	R. BERGER.
o.i.	**7255**	Autriche-Hongrie.	KELLER BELA.
o.i.	**7303**	Bas noirs (les).	G. MAQUIS.
o.i.	**7280**	Beau Danube bleu (le).	STRAUSS.
o.i.	**7310**	Bettina.	E. LAUNAY.
o.i.	**7356**	Câline.	PENAUILLE.
o.i.	**7293**	Cent Vierges (les).	LECOCQ.
o.i.	**6501**	Christmas (avec cloches).	MARGIS.
o.i.	**6486**	Cloches d'Avignon (les) (avec cloches).	LACROIX.
i.	**7258**	Cloches de Corneville (les).	PLANQUETTE.
o.i.	**6500**	Cloches du destin (les).	LACROIX.
o.i.	**7322**	El Guadalquivir.	H. MAQUET.
o.i.s.	**7273**	España.	CHABRIER-WALDTEUFEL.
o.i.s.	**7272**	Estudiantina.	LACÔME.
o.i.s.	**7338**	Fiançailles.	E. WESLY.
o.i.	**7276**	Flots du Danube (les).	IVANOVICCI.
o.i.	**7343**	Frères joyeux (avec cloches, sifflet et imitation du coq).	VOLLSTAEDT.
o.i.	**7341**	Frou-Frou.	CHATEAU.
o.i.	**7281**	Gitana (la).	BUCALOSSI.
o.i.	**7318**	Grenade.	E. MULLOT.
o.i.	**7278**	Housarde (la).	LOUIS GANNE.
o.i.	**7283**	J'ai peur d'aimer.	RICO.
o.i.	**7286**	J'ai tant pleuré (valse lente).	RICO.
o.i.s.	**7332**	Jolie Patineuse (la).	BAGARRE.
o.i.	**6672**	Juana.	MÉLÉ.
o.i.	**7282**	Loin du Bal (valse lente).	E. GILLET.
o.i.	**7287**	Madame Boniface.	LACÔME.
i.	**5502**	Maîtresse chérie.	DIODET.
o.i.	**7354**	Malmaison (la).	W. SALABERT.
o.i.	**7344**	Moisson d'Amour.	A. MONIER.
o.i.	**7340**	Monte-Cristo.	KOTLAR.
o.i.	**7349**	Muguets fleuris.	BALLERON.
i.	**7316**	Ninon voici les roses.	J. DARIEN.
o.i.	**7334**	Petite Fleur.	G. MARIE.
o.i.	**7306**	Pomponnette.	LAMBERTY.
i.	**7256**	Quand l'amour meurt (valse lente).	CRÉMIEUX.
i.	**5501**	Quand l'amour meurt (valse lente).	CRÉMIEUX.
o.i.	**7320**	Rêves d'Antan.	E. LAUNAY.
o.i.s.	**7309**	Rose Mousse (valse lente).	A. BOSC.
o.i.s.	**7302**	Santiago.	CORBIN.

Cylindres PATHÉ Les lettres O I. S., placées devant chaque numéro, indiquent que le cylindre existe en dimension « O » ordinaire, « I » inter, « S » stentor.

Valses (*suite*)   ORCHESTRE

O.I.	7308	Sérénade Andalouse.	INGHELBRECHT.
O.I.S.	7315	Sourire d'Avril.	M. DEPRET.
O.I.	6669	Souvenir de Croisset.	SELLENICK.
O.I.	7351	Sur les Flots (Sobre las Olas).	ROSAS.
O.I.S.	7350	Sympathie.	MEZACAPO.
I.	7357	T'en souviens-tu ?	V. TURINE.
I.	7253	Tésoro Mio.	BECCUCCI.
O.I.	7321	Thérésen.	CARL FAUST.
O.I.S.	7333	Valse Bleue.	MARGIS.
O.I.	7251	Valse de Faust.	GOUNOD.
O.I.S.	7330	Valse de la Fille de Madame Angot	LECOCQ.
O.I.	7336	Valse des Blondes.	L. GANNE.
O.I.	7317	Valse des Cambrioleurs.	VARNEY.
I.	7257	Valse pour contrebasse.	X...
O.I.	82225	Ali dorate.	
O.I.	82030	Dolorès.	
O.I.	80147	España.	
O.I.	82031	Estudiantina.	
O.I.	82034	Faust.	
O.I.	81200	Gente allegra (Lüstige Brüder).	
O.I.	82032	Gitana (la).	
O.I.	82224	In un bacio.	
O.I.	83023	Luigi XV.	
O.I.	81216	Loin du Bal (Fern vom Ball).	
O.I.	82202	Madame la Lune *(Valzer della Luna)*.	
O.I.	81207	Mia Regina (Meine Konigin).	
O.I.	81209	Onde del Danubio.	
O.I.	82020	Patineurs (les).	
O.I.	80739	Pomone.	
O.I.	82036	Sirene (le).	
O.I.	81109	Sogno d'amore.	
O.I.	81205	Sopra le onde (Uber den Welen).	
O.I.	81108	Sulle rive del Danubio.	
O.I.	81119	Toujours ou Jamais.	
O.I.	81110	Vague (la).	

Le morceau ci-dessous est complet en deux cylindres.

I.S.	7355	Chèvrefeuille.	ALEX. PETIT.
I.S.	7355 bis	Chèvrefeuille (*suite*).	ALEX. PETIT.

Cylindres PATHÉ
Dans les commandes il est indispensable d'indiquer les numéros et la dimension des cylindres.

Orchestre

POLKAS

I.	7808	Amour malin (l') (polka-marche).	Neil-Moret.
o.i.	8932	Amourette (polka pour zylophone).	Œrtling.
o.i.	7865	Anona (polka originale).	V. Grey.
o.i.	6696	Au moulin.	Petit.
o.i.	6695	Auto du Père Langlois (l').	Garnier.
o.i.s.	7802	Bella Bocca.	Waldteufel.
I.	7135	Belle Meunière (la) (pour cloches).	Parès.
o.i.	7861	Belle Meunière (la).	J.-H. Parès.
o.i.	7803	Bohémiens (les).	Waldteufel.
o.i.	6745	Caille et Coucou.	Flèche.
o.i.	7842	Cajolerie.	L. Schlesinger.
o.i.	7804	Camarade.	Waldteufel.
o.i.	7855	Cette Petite Femme-là.	Turlet-Christiné.
o.i.	6697	Chanson des bois.	Sambin.
o.i.	7869	Chien et chat (imitations).	Stoupan.
o.i.	7846	Courriers (les) (avec fouet et grelots).	E. Launay.
o.i.	7798	Dame de Cœur (la).	Fahrbach.
o.i.s.	7814	El Coreo (avec solo de cornet).	Corbin.
o.i.	7863	Élégantes (les).	E. Choquard.
o.i.	7810	Elle et Lui.	Strobl.
I.	7806	Emma-Livry (Polka pour clarinette).	Pirouelle.
o.i.	7875	Entrez.	Maquet.
o.i.	6698	En Tunisie.	Péricat.
o.i.	7811	Estudiantina (la).	O. Métra.
o.i.	7812	Étincelle (l') (avec solo de cornet).	O. Métra.
o.i.	8128	Étoile du Casino (l') (polka pour piston).	Guille.
o.i.	7838	Footit et Chocolat.	L. Grillet.
o.i.	7817	Forgerons (les).	Bléger.
o.i.	7847	Gaudriole.	A. Loger.
o.i.	7862	Jocrisse et Biribi.	E. Choquard.
o.i.	7881	Joyeux Ébats.	Wesly.
o.i.	7207	Kraquette (la).	J. Clérice.
o.i.	7841	Little Dick (polka anglaise).	L. Billaut.
I.	7807	Ma Ninette.	Gauwin et Guille.
o.i.	7820	Marionnettes (les).	O. Métra.
o.i.	7089	Max (polka sifflée).	W. Salabert.
o.i.	7821	Moulinet-Polka.	Strauss.
o.i.	7867	Moustic-Polka.	L. Salzédo.
o.i.	6709	Moutons (les).	Tourneur.
o.i.	7830	Original.	Lafitte.
o.i.	7864	O Suzanna !	Hinsch.
o.i.	6737	Paye tes dettes.	Pillevestre.
o.i.	7857	Poignée de mains.	Corbin.
o.i.	7134	Poisson d'Avril (avec cloches).	Allier.
o.i.	7860	Polka de Polichinelle.	Corbin.

Cylindres PATHÉ — Les lettres O. L S., placées devant chaque numéro, indiquent que le cylindre existe en dimension « O » ordinaire, « I » inter, « S » stentor.

Polkas (*suite*)   ORCHESTRE

O.I.	7849	Polka des Anglaises.	E. LAUNAY.
O.I.	6693	Polka des Bébés.	BUOT.
O.I.S.	7571	Polka des Clochettes (avec timbres).	BALLERON.
O.I.	7805	Polka des Clowns.	ALLIER.
O.I.	7816	Polka des Eunuques (polka orientale).	CORBIN.
O.I.	7833	Polka des Fêtards.	V. ROGER.
O.I.	7826	Polka des Officiers.	FAHRBACH.
O.I.S.	7199	Polka des Oiseaux.	L. CONOR.
O.I.	7866	Polka des Pachas.	G. ALLIER.
I.S.	7885	Polka des Priseurs.	ALEX. PETIT.
O.I.	7832	Polka des Veinards.	G. ALLIER.
O.I.	7342	Polka militaire.	W. SALABERT.
O.I.	6487	Polka originale (avec cloches).	BELLANGER.
O.I.	7840	Polka réaliste.	LOUIS GANNE.
O.I.	7823	Pour les Bambins.	FAHRBACH.
O.I.	7824	Promenade-Polka.	O. MÉTRA.
O.I.	7834	Quand même !	MAQUARRE.
O.I.	6078	Quand on a travaillé.	A. LOUIS.
O.I.	7831	Qu'en dira-t-on ?	CORBIN.
O.I.	7827	Retour du Printemps.	J. SCHINDLER et L. GIRARD.
O.I.	7851	Royal Princess.	A. BILLAUT.
O.I.	6746	Saint-Cloud (polka burlesque).	ETESSE.
O.I.	7876	Sautez Bébés.	H. PARADIS.
O.I.	6743	Sifflez pierrettes...	POPY.
O.I.	7139	Suévroise (la) (avec cloches).	EUSTACE.
O.I.	7829	Tamaraboum (polka américaine).	MICHIELS.
O.I.	7839	Tourniquet.	LOUIS GANNE.
O.I.	7828	Tout à la Joie.	FAHRBACH.
O.I.S.	7819	Verre en main (le).	FAHRBACH.

Le morceau ci-dessous est complet en deux cylindres

I.	7835	Villageoise (la) (Introduction pour hautbois).	FOURNOLE.
I.	7836	Villageoise (la) (pour hautbois).	FOURNOLE.
O.I.	82043	Amore (l').	
O.I.	82040	Bella Bocca.	
O.I.	82209	Bohémiens (les).	
O.I.	82193	Capricciosa.	
O.I.	80158	Francese.	
O.I.	82194	Inglesine (le).	
O.I.	82046	Olga.	
O.I.	82045	Sogni d'oro.	

Cylindres PATHÉ Dans les commandes il est indispensable d'indiquer les numéros et la dimension des cylindres.

Orchestre

MAZURKAS

Mazurkas Célèbres de Louis Ganne

o.i.	7999	Auvergnate (l').
o.i.s.	7902	Czarine (la).
o.i.	7912	Mousmé (la) (mazurka japonaise).
o.i.s.	7927	Scandinave (la).
o.i.	7928	Tzigane (la).
o.i.	7946	Zingara (la).

Mazurkas d'Auteurs divers

o i.	6770	Amitié sincère.	MÉLÉ.
o.i.	6775	Bergères Watteau (clarinette).	CORBIN.
o.i.	6773	Bergères Watteau (hautbois).	CORBIN.
o.i.	6774	Bergères Watteau (grande flûte).	CORBIN.
o.i.	6776	Bergères Watteau (piston)	CORBIN.
o.i.	7998	Bien faire.	H. MAQUET.
i.	7910	Brise embaumée.	E. LAUNAY.
o.i.	7900	Carte Postale.	STROBL-WITTMANN.
o.i.	7948	Chasse aux Cailles.	H. PARADIS.
i.	7137	Cloches de Mai (avec cloches).	DITTRICH.
o.i.	7901	Cœur des Femmes (le).	STRAUSS.
o.i.	7949	Douce Tendresse.	H. PARADIS.
o.i.	7903	Doux regard.	F. SALI.
i.	7905	Emma.	BRU.
o.i.s.	7913	Enfants terribles (les).	CORBIN.
o.i.	7929	Fiametta.	G. PARÈS.
o.i.	7943	Floréal.	CORBIN.
o.i.	7908	Gage d'amour.	E. MARIE.
o.i.	7935	Gilberte.	AL. LOGER.
o.i.	7907	Gloire aux Femmes.	STROBL.
o.i.	7931	Hongroise (la).	G. PARÈS.
o.i.	7936	Irida.	AL. LOGER.
o.i.	7911	Jaloux et Coquette.	CORBIN.
o.i.	7932	Mazurka Bohême.	L. BILLAUT.
o.i.	7933	Mazurka Slave.	L. BILLAUT.
o.i.	7914	Néva (la).	O. MÉTRA.
o.i.	7937	Petite Souris.	A. BOSC.
i.	7133	Pic-Vert (le) (avec cloches).	XXX.
o.i.	7941	Pour avoir la Fille.	HOLZER.
i.	7904	Premier pas (le).	H. LABIT.
i.	7136	Sentier fleuri (pour cloches).	GOUIRAND.
i.	7906	Sous les tilleuls.	E. GRIFFON.
i.	7909	Souvenir de Baden-Baden.	SELLENICK.
i.	7915	Sur la Colline.	E. LAUNAY.

Mazurkas (*suite*) — ORCHESTRE

O.I.	7944	Taille de guêpe.	F. SALI.
O.I.	7923	Taille fine.	A. S. PETIT.
O.I.	7934	Triolette (cornet solo).	AL. LOGER.
O.I.	7899	Violettes de Cannes.	BALLERON.

Le morceau ci-dessous est complet en deux cylindres

O.I.	7924	Une Soirée près du Lac (Introduction pour hautbois).	LEROUX.
O.I.	7924bis	Une Soirée près du Lac (Mazurka pour hautbois).	LEROUX.
O.I.	82208	Amorosa.	
O.I.	82053	Bella.	
O.I.	80161	Czarina (la).	
O.I.	82059	Galanterie.	
O.I.	81249	Mousmé (la), Mazurka Giapponese.	
O.I.	82054	Preziosa.	
O.I.	82058	Souvenir de Cotanry.	

SCOTTISHS

O.I.	7550	Amitié.	CHAMBROUX.
O.I.	7561	Bella Elisa.	ALEX. LOGER.
O.I.S.	7551	Blanche de Castille.	BLÉGER.
O.I.	6801	Carillon printanier (avec cloches).	LACROIX.
O.I.	7573	Divette (la).	FR. SALI.
O.I.	7554	Eggitna.	FLORIAN-JULIAN.
O.I.	7562	Linette.	H. PARADIS.
O.I.	6502	Lucette (avec cloches).	DUCLUS.
O.I.	7564	Pas des Patineurs.	PESCHINI.
I.	7559	Pas des Patineurs.	E. JOUVE.
O.I.	7558	Perruche et Perroquet.	CORBIN.
O.I.	7555	Petite Tonkinoise (la).	SCOTTO.
O.I.	7560	Rosalba.	XXX.
O.I.	7552	Sabrette.	WITTMANN.
O.I.	7563	Scottish des Cloches.	BAGARRE.
O.I.S.	7556	Scottish des Pierrots.	A. LAMOTTE.
O.I.	7553	Scottish du Carillon.	CORBIN.

QUADRILLES

O.I.	**7950**	A la Campagne	O. MÉTRA.
O.I.	**7989**	Bobêche.	ALEX. LOGER.
O.I.	**7959**	Bouton d'Or.	WITTMANN.
O.I.	**7987**	Châteaudun.	A. LAMOTTE.
O.I.	**7977**	Cœur et la Main (le).	LECOCQ.
O.I.	**7970**	Fille de Madame Angot (la).	LECOCQ.
O.I.	**7976**	Gambades d'Arlequin (les).	XXX.
O.I.	**7986**	Germanicus.	WITTMANN.
O.I.	**7988**	Jean Cavalier.	A. LAMOTTE.
O.I.	**7974**	John Bull.	CORBIN.
O.I.	**7971**	Jolie Parfumeuse (la).	OFFENBACH.
O.I.	**7978**	Jour et la Nuit (le).	LECOCQ.
O.I.	**7975**	Joyeux Pantins.	XXX.
O.I.	**7984**	Joyeux Postillon (le).	J. REYNAUD.
O.I.	**7985**	Marceau.	CORBIN.
O.I.	**7962**	Mascotte (la).	AUDRAN.
O.I.	**7963**	Orphée aux Enfers.	OFFENBACH.
O.I.	**7983**	Quadrille sur des airs populaires.	A. S. PETIT.
O.I.	**7982**	Un Quadrille à la Préfecture	P. PIERRET.
O.I.	**7965**	Vie Parisienne (la)	OFFENBACH.

Quadrille des Lanciers

O.I.	**8004**	Lanciers blancs (les)	E. MARIE.
O.I.	**8001**	Lanciers polonais (les)	NEHR.
O.I.	**8003**	**Lanciers (les) (quadrille anglais).**	O. MÉTRA.

NOTA. — Les quadrilles soulignés existent également complets en trois cylindres spécialement enregistrés pour la danse :

Les 1re et 2e figures sur le 1er cylindre

       3e et 4e   —   —.   2e   —

La 5e   —   —   3e   —

Le n° 8003 existe également en 6 cylindres, un par figure.

(La dernière figure sur deux cylindres)

Pas de Quatre

O.I.	**8020**	Barn Dance.	MEYER-LUTZ.
O.I.	**8021**	Royalty	ANDRÉ.
O.I.	**8022**	The Popular's	A. SOYER.

Cylindres PATHÉ   Les lettres O. I. S., placées devant chaque numéro, indiquent que le cylindre existe en dimension « O » ordinaire, « I » inter, « S » stentor.

Galops

ORCHESTRE

O.I.	**8046**	Bucéphale.	DESSAUX.
O.I.	**8029**	Cavalier noir (le).	FR. SALI.
O.I.	**8030**	Champagne	O. MÉTRA.
O.I.	**8033**	Cupid's arrow	BARTHMANN.
O.I.	**8034**	En Congé	FAHRBACH.
O.I.	**8036**	Furioso	CORBIN.
O.I.	**7994**	Magnésium	H. PARADIS.
O.I.	**8039**	Phonographe-Galop	L. BILLAUT.
O.I.	**8045**	Razzia.	CORBIN.
O.I.	**8043**	Tourbillon (le)	F. BOISSON.
O.I.	**8035**	Vif Argent.	STRAUSS.
O.I.	**82050**	Gioconda (la)	
O.I.	**82048**	In Biroccino.	
O.I.	**82049**	In guardia.	
O.I.	**82051**	Lotta (la).	
O.I.	**82047**	Palle libere.	

HYMNES, CHANTS ET AIRS NATIONAUX

Allemagne

O.I.	**4008**	Hymne National Prussien. 2 airs populaires allemands : Die Prager Schlacht, Preussen Vaterland.
O.I.	**4010**	Hymne Allemand (officiel).
O.I.	**4053**	Chant National et Air allemands.
O.I.	**4061**	Chant National du Rhin. 2 airs populaires allemands. Fridericus Rex. Blücher Lied.
O.I.	**82066**	Inno Prussiano.

Amérique

O.I.	**4007**	Air National Américain.
O.I.	**4063**	Yankee Doodle. Red, white and blue.
O.I.S.	**7086**	The Stars and Stripes for ever.

Angleterre

O.I.	**4071**	Hymne National (God save the King et Rule Britannia).
O.I.	**82065**	Inno Inglese.

Autriche

O.I.	**4056**	Air National.
O.I.	**82070**	Inno Austriaco.

République Argentine

O.I.	**4025**	Hymne National.
O.I.	**82063**	Inno Argentino.

Bavière

O.I.	**4012**	Air National.

Belgique

O.I.	**4070**	Hymne National (La Brabançonne et le Chant du Belge) (air populaire).

Cylindres **PATHÉ**   Dans les commandes il est indispensable d'indiquer les numéros et la dimension des cylindres.

ORCHESTRE

Brésil

O.I.	4018	Air National.
O.I.	83037	Inno Brasiliano.
O.I.	83038	Inno della proclamazione della Republica del Brasile.

Buenos-Ayres

| O.I. | 4041 | Air de Buenos-Ayres. |

Bulgarie

| O.I. | 4034 | Air National (Choumi maritza). |

Chili

| O.I. | 4019 | Air National. |

Chine

| O.I. | 4021 | Air National. |

Danemark

| O.I. | 4014 | Chant National. |

Espagne

O.I.	4074	Chant National et Hymne de Riego.
O.I.	80413	Marcia Reale Espagnuola.
O.I.	80466	Inno di Riego.
O.I.	80483	Inno Cileno.
O.I.	80717	Inni Patriottici.

Égypte

| O.I. | 4075 | Marche du vice-roi et air Égyptien. |

France

O.I.S.	4000	La Marseillaise.
O.I.	4050	Le Chant du Départ.
O.I.	4051	Le Chant des Girondins.
O.I.	82062	La Marsigliese.

Grèce

| O.I. | 4076 | Air National et Marche Royale. |

Hollande

| O.I. | 4002 | Air National. |

Italie

O.I.	4048	Air Romain (Marche du Pape).
O.I.	4052	Hymne de Garibaldi.
O.I.	4072	Air National et Marche Royale.
O.I.	80143	Marcia Reale Italiana.
O.I.	80144	Inno di Mameli.
O.I.	80145	Inno di Garibaldi.

Irlande

| O.I. | 4064 | Air National. |

Japon

| O.I. | 4022 | Hymne National. |
| O.I. | 82064 | Inno Giapponese. |

Luxembourg (duché de)

| O.I. | 4023 | Chant National. |
| O.I. | 4027 | Hymne National. |

Montenegro

| O.I. | 4032 | Hymne National. |

Montevideo

| O.I. | 4042 | Air de Montevideo. |

Mexique

| O.I. | 4055 | Air National. |

Norvège

| O.I. | 4077 | Hymne National (Officiel) et Air National. |

Pérou

| O.I. | 4020 | Air National. |
| O.I. | 83029 | Inno Peruviano. |

Perse

| O.I. | 4068 | Hymne Persan. |

Pologne

| O.I. | 4065 | Air National. |

Cylindres PATHÉ Les lettres O. I. S., placées devant chaque numéro, indiquent que le cylindre existe en dimension « O » ordinaire, « I » inter, « S » stentor.

ORCHESTRE

Portugal

O.I.   **4069**   Chant National et Hymne Royal (marche).

Russie

O.I.   **4001**   Hymne National.
O.I.   **82067**   Inno Russo.

Roumanie

O.I.   **4016**   Air National.

Suisse

O.I.   **4073**   Hymne National (Officiel) et Air Suisse.

Sardaigne

O.I.   **4062**   Hymne National.

Serbie

O.I.   **4026**   Hymne National.

Siam

O.I.   **4024**   Hymne National.

Suède

O.   **4011**   Air National.

Transvaal

O.I.   **4059**   Hymne National Boer.

Turquie

O.I.   **4017**   Air National. (Azizié).
O.I.   **4036**   Marche du Sultan (Hamidjié).

Uruguay

O.I.   **83002**   Inno Uruguayo.

Wurtemberg

O.I.   **4035**   Air National.

MARCHES MILITAIRES

ET

PAS REDOUBLÉS

Marches célèbres de Louis Ganne

O.I.   **5388**   Marche d'Auvergne.
O.I.   **5372**   Marche des Amoureux (marche américaine).
O.I.   **6153**   Marche des P'tits Marmousets.
O.I.   **6117**   Marche des P'tits Mat'lots.
O.I.   **5373**   Marche Grecque (du ballet de Phryné).
O.I.   **6058**   Marche Lorraine.
O.I.   **6068**   Marche Parisienne.
O.I.S.   **6059**   Marche Russe.
O.I.   **6050**   Père la Victoire (le) (marche française).

Marche Militaire

O.I.   **6076**   Marche des Francs-Tireurs de la Seine.   LACROIX.
O.I.   **6079**   Nouvelle Marche coloniale.   HALL.
I.   **6027**   Paris-Bruxelles.   V. TURINE.

Cylindres PATHÉ   Dans les commandes il est indispensable d'indiquer les numéros et la dimension des cylindres.

ORCHESTRE

Pas redoublés et Défilés
avec Tambours et Clairons

O.I.	6021	A l'Est, veillez.	ARNOUX.
O.I.	6084	Alsacien (l').	E. LAUNAY.
.I.	6043	Algérien (l')	GOUEYTES.
O.I.	6112	Auprès de ma Blonde (défilé).	XXX.
O.I.	6020	Aux Armes (marche)	BOSC.
O.I.	6083	Bannière de la Victoire (la).	VON BLON.
O.I.S.	6123	Boccace (marche).	VON SUPPÉ.
I.	6025	Cadets de Brabant (les).	V. TURINE.
O.I.	6024	Cadets de Russie (les)	SELLENICK.
O.I.	6145	115e de ligne (le).	ANDRÉ.
O.I.	6023	Chanson du Fantassin (la).	PERLAT.
O.I.	6109	Chanzy.	G. PARÈS.
O.I.	6108	Chevalier-Garde (le).	G. PARÈS.
O.I.	6151	Chevau-léger.	G. PARÈS.
O.I.	6026	Coco (défilé).	Mᵃˡ de MAC-MAHON.
O.I.	6186	Colbert.	A. LOGER.
O.I.	6022	Compiègnois (le).	LEBLAN.
O.I.	6126	Condé.	G. WETTGE.
O.I.	6195	Conscrit (le).	G. ALLIER.
I.	6032	Cordialement	PERPIGNAN
O.I.	6091	Cyrano de Bergerac.	G. ALLIER.
O.I S.	6049	Défilé de la Garde Républicaine	WETTGE.
O.I.	6101	Défilé de Longchamp.	ED. GROGNET.
O.I.	6155	Défilé du 6e.	CHAULIER.
I.	6048	Défilé Harmonie Pathé.	BELLANGER.
O.I.	6176	Drapeau flottant.	F. SALI.
O.I.	6030	En avant.	MENZEL.
O.I.S.	6031	En Bon Ordre	S. A. PETIT.
O.I.	6156	Encore un petit verre de vin (chanson de route).	L. BILLAUT.
O.I.	6029	En Liesse.	V. TURINE.
O.I.S.	6034	En Revenant de la Revue.	DESORMES.
I.	6033	Entente cordiale	ALLIER.
O.I.	6028	En Vacances.	G. MARIE.
O.I.	6019	Fantassin (le) (allegro).	E. KOHLER.
O.I.	6035	Farfadet (le).	SELLENICK.
O.I.	6036	Five-Lille.	SELLENICK.
O.I.	6168	Flottez, Drapeaux!	H. PARADIS.
O.I.	6037	Fringant (le).	SELLENICK.
O.I.	6187	Glorieux Soldat.	F. SALI.
O.I.	6106	Grand-Papa (défilé).	L. BILLAUT.
O.I.	6193	Grenadier du Caucase (le).	MEISTER.
O.I.	6107	Grognard (le) (marche).	G. PARÈS.
O.I.	6120	Grondeur (le).	GURTNER.

Cylindres PATHÉ

Pas Redoublés et Défilés (*suite*)   ORCHESTRE

O.I.	6196	Hanoï.	SIGNARD.
O.I.	6042	Héros (le).	SUZANNE.
O.I.	6150	Honneur au Commandant Marchand.	E. CHOQUART.
O.I.	6041	Honneur aux Braves.	DURRIEUX.
O.I.	6146	Iéna.	FARIGOUL.
I.	6172	Isly (défilé).	E. LAUNAY.
I.	6040	Jacob	TURINE.
O.I.	6148	Joyeux Monôme.	E. CHOQUARD.
O.I.	6017	Joyeux Montmartre.	H. PARADIS.
O.I.	6162	Joyeux Troupier.	H. CIEUTAT.
O.I.	6198	Ké-Son.	BIDEGAIN.
O.I.	6046	Léopold II	CHRISTOPHE.
O.I.	6061	Lillois (le).	LEROUX.
O.I.	6045	Lisieux.	SIGNARD.
O.I.	6044	Lorrain (le).	LEROUX.
O.I.	6122	Magyar (le).	G. ALLIER.
O.I.	6057	Malakoff.	BREPSANT.
O.I.	6124	Marche Algérienne.	A. BOSC.
O.I.	6170	Marche Alsacienne.	F. SALI.
O.I.	6189	Marche burlesque.	THONY.
O.I.	6181	Marche des Bersaglieri	EILENBERG.
I.	6038	Marche des Bobonnes.	PICCOLINI-DIODET.
O.I.	6197	Marche des Cadets de Gascogne.	FURGEOT.
O.I.	6118	Marche des Chauffeurs.	A. BOSC.
O.I.	6056	Marche des Cochers viennois.	NEIDHART.
O.I.	6192	Marche des Cosaques.	SELLENICK.
O.I.	6054	Marche des Drapeaux (défilé).	SELLENICK.
O.I.	6152	Marche des Lutteurs.	GARCIAU.
O.I.	6064	Marche des Lycéens.	MOUGEOT.
O.I.	6105	Marche des Petits Chasseurs.	L. BILLAUT.
O.I.	6190	Marche des Petits Français.	FURGEOT.
O.I.	6116	Marche des Petits Trottins.	L. BILLAUT.
O.I.	6062	Marche des Saint-Cyriens.	SARVONNAT.
O.I.	6199	Marche des Sultanes.	G. ALLIER.
O.I.	6100	Marche du 152e (défilé).	L. BILLAUT.
O.I.	6099	Marche du 113e (défilé).	ED. GROGNET.
O.I.	6092	Marche du 135e (défilé).	ROUVEIROLLIS.
O.I.	6098	Marche du 138e (défilé).	GAUTHIER.
O.I.	6167	Marche du Drapeau.	G. PARÈS.
O.I.	6085	Marche du régiment de Préobrajenski.	XXX.
O.I.	6075	Marche du Temps passé (pot-pourri)	BARNIER.
O.I.	6110	Marsouin (le) (défilé)	SIBILLOT.
O.I.S.	6051	Mes Adieux au 63e de ligne (défilé)	BINOT.
I.	6047	Michel-Strogoff	ARTUS.
O.I.	6141	Moscou.	G. ALLIER.
O.I.	6055	Mousquetaires (les) (marche).	A. BERNIER.
O.I.	6185	Nogent-sur-Marne.	H. PARADIS.

Cylindres PATHÉ **Dans les commandes il est indispensable d'indiquer les numéros et la dimension des cylindres.**

ORCHESTRE   **Pas Redoublés et Défilés** (*suite*)

o.i.	6018	Papa l'Arbi (Défilé des zouaves).	PÉRICAT.
o.i.	6111	Paris-Belfort (défilé).	FARIGOUL.
o.i.	6175	Par le flanc droit.	CH. TOUREY.
i.	6184	Par le flanc droit, marche.	MULLOT.
o.i.	6143	Patriote (le).	E. CHOQUARD.
o.i.	6159	Petites Folles (les).	WRIGT-BERT.
o.i.	6087	Petite Tache noire (la) (chanson de route).	HARING.
o.i.	6565	Petit Quinquin (le).	MASTIO.
o.i.	6052	Pupilles de la Marine (les).	LÉON CHIC.
i.	6125	Ranavalo (marche malgache)	WILLIAM-ROMSBERG.
o.i.	6077	Refrain des Vosgiens (le).	MULLOT.
o.i.	6171	Régiment en marche (le).	P. LINCKE.
o.i.	6119	Régiment qui passe (le) (marche)	EILENBERG.
o.i.	6053	Retraite de Crimée (la)	MAGNIER.
o.i.	6127	Richard Wallace.	SELLENICK.
i.s.	6132	Robertsau (la).	SELLENICK.
o.i.	6133	Ronde des Bébés.	AUG. BOSC.
o.i.	6179	Ronde des P'tites Femmes.	J. CLÉRICE.
o.i.	6065	Ronde des Petits Pierrots (marche)	A. BOSC.
o.i.	6103	Saint-Cyrienne (la) (défilé).	HOUZIAUX.
o.i.s.	6135	Saint-Georges.	G. ALLIER.
o.i.	6072	Salut à Copenhague (marche)	FAHRBACH.
o.i.	6070	Salut à l'Aigle Russe (marche).	SIGNARD.
o.i.	6137	Salut à la Patrie.	SOYER.
o.i.	6131	Salut lointain.	DORING.
o.i.s.	6073	Sambre-et-Meuse (défilé)	PLANQUETTE-RAUSKI.
o.i.	6066	Semper fidelis (marche).	SOUSA.
o.i.	6071	Serrons nos Rangs (marche).	SIGNARD.
o i.	6102	Sidi-Brahim (la) (défilé)	POROT.
o.i.	6194	Solférino.	G. ALLIER.
o.i.	6128	Sous l'Aigle double	WAGNER.
o.i.	6094	Souvenir de la 56ᵉ brigade (défilé).	MORNAY.
o.i.	6086	Spinalien (le).	E. LAUNAY.
o.i	6134	Stanislas	E. LAUNAY.
o.i.	6113	Stentor (le) (défilé).	ALEX. LOGER.
o.i.s.	6163	Tout Paris (le) (avec tambours et clairons).	ALEX. LOGER.
o.i.	6629	Tram (le).	MOUGEOT.
o.i.	6142	Trocadéro.	G. PARÈS.
o.i.	6147	Vaguemestre (le).	H. SENÉE.
o.i.	6074	Valeur française (marche).	FONTENELLE.
o.i.	6089	Vieille Garde (la) (marche).	A. BOSC.
o.i.	6060	Viennoise (la).	KRAL.
o.i.	6139	Villars.	G. ALLIER.
o.i.	6088	Vive l'Armée (défilé).	A. LOUIS.
o.i.	6188	Voltairienne (la).	F. SALI.
o.i.	6136	Voltigeur (le).	G. PARÈS.
o.i.	6173	Wilhelmine.	WESLY.
o.i.	6080	Zouave (le).	BUOT.

Cylindres PATHÉ   Les lettres O. I. S., placées devant chaque numéro, indiquent que le cylindre existe en dimension « O » ordinaire, « I » inter, « S » stentor.

ORCHESTRE

MARCHES, DANSES
ET MÉLODIES ÉTRANGÈRES

Américaines

O.I.	**7075**	Belle of New-York (the) (march)	KERKER.
O.I.	**7074**	Boston Commandery.	CARTER.
O.I.	**7055**	Cake-Walk.	O'BILL.
O.L.	**7054**	Capitan (el) (march)	SOUSA.
O.I.	**7096**	High School Cadet's	SOUSA.
O.I.	**7069**	Honeymoon (Lune de Miel).	G. ROSEY.
O.I.	**7059**	King Cotton (march).	SOUSA.
O.I.	**7207**	Kraquette (la)	J. CLÉRICE.
O.I.	**7058**	Liberty bell (the) (la Cloche de la Liberté).	SOUSA.
O.I.	**7089**	Max ! (polka-marche sifflée).	W. SALABERT.
O.I.	**7097**	Soldiers of the Queen (the)	J. ORD. HUME.
O.I.	**7092**	Spanish-fandango (avec castagnettes).	XXX.
O.I.S.	**7086**	Stars and stripes for ever (the) (march)	SOUSA.
O.I.	**7082**	Star-Splangled Banner (morning colors)	XXX.
O.I.S.	**7050**	Washington Post (the) (march)	SOUSA.

Espagnole

O.I.	**7206**	Mattchiche (la)	BOREL-CLERC.

Italienne

O.I.	**6632**	Marche Italienne.	ROUSSEAU.

Russe

O.I.	**6630**	Grivtza (marche).	MAUDUIT.

CYLINDRES HUMORISTIQUES

O.I.	**6884**	Ah ! al lah (danse nègre).	BIDAN.
O.I.	**7861**	Belle Meunière (la) (imitation du moulin).	J.-H. PARÈS.
O.I.	**8047**	Charge de l'Armée Française (La charge et la Marseillaise, coups de feu, canon, cris, etc.).	XXX.
O.I.	**7363**	Chez l'Horloger (imitation du coucou de l'horloge).	ORTH.
O.I.	**7869**	Chien et Chat (avec imitation de chien et chat).	STOUPAN.
O.I.	**7359**	Coq et Poule (imitation de coq et poule).	H. PARADIS.

ORCHESTRE   ## Cylindres Humoristiques (*suite*)

O.I.	7205	Danse annamite.	MAQUET.
O.I.	7090	Danse du ventre.	XXX.
O.I.S.	7815	Enclume (l') (avec imitation d'enclume).	PARLOW.
O.I.	7813	En Tramway (avec trompe et grelots).	CORBIN.
O.I.	8031	Express-Orient (imitation de la locomotive, cloche, sifflet, etc.).	F. BOISSON.
O.I.	7343	Frères Joyeux (valse) (cloches, sifflet, imitation du coq).	VOLLSTAEDT.
O.I.	7799	Hôtel des Marmitons (l') (bruits de casseroles, etc.).	CAMBILLARD.
O.I.	7821	Moulinet-Polka (imitation du moulin).	STRAUSS.
O.I.	7860	Polka de Polichinelle (imitation de la voix de Polichinelle).	CORBIN.
O.I.	7805	Polka des Clowns (Polka des Anglais) (cymbales, grelots, etc.).	G. ALLIER.
O.I.	7845	Polka des Épiciers.	A. LABBÉ.
O.I.	7825	Polka des Masques.	MARTIN.
O.I.	7872	Polka des Perroquets (avec imitation).	XXX.
O.I.	7844	Polka des Pipelets (avec cloches).	H. JOSÉ.
I.S.	7885	Polka des Priseurs.	ALEX. PETIT.
O.I.	6169	Retraite aux flambeaux (cloches, sonneries, commandements).	XXX.
O.I.	7138	Tubophonette (pour cloches).	LACROIX.
O.I.	6457	Zuider-Zée. Le Vrai Diabolo (danse originale).	BENNET-SCOTT.

SOLI D'INSTRUMENTS DIVERS

Soli de Flûte

avec accompagnement de piano

Exécutés par des solistes de la Garde Républicaine

O.I.	8696	Air de ballet.	FONTBONNE.
O.I.	8475	Babillarde (la)	XXX.
O.I.	8690	Baden-Polka.	XXX.
O.I.	6774	Bergères Watteau (mazurka).	CORBIN.
O.I.	8450	Bruxelles (polka).	BATIFORT.
O.I.	8659	Carmen.	BIZET.
O.I.	8482	Carnaval de Venise (le).	XXX.
O.I.	8451	Chardonneret (le) (polka).	GÉRAULT.
O.I.	8692	Clochettes (les).	XXX.
O.I.	8453	Colibri (le).	SELLENICK.
O.I.	7102	Divertissement.	GATTERMANN.

Soli de Flûte (*suite*)

ORCHESTRE

O.I.	**8485**	España.	CHABRIER-WALDTEUFEL.
O.I.	**8479**	Fauvette (la).	XXX.
O.I.	**8481**	Fauvette des Bois (la).	XXX.
O.	**7238**	Favorite (la).	DONIZETTI.
O.I.	**8478**	Fifrolinette.	XXX.
O.I.	**8498**	Fille de Mme Angot (la).	LECOCQ.
O.I.	**8476**	Flûte enchantée (la).	XXX.
O.I.	**7109**	Gavotte de Mignon.	A. THOMAS.
O.I.	**8457**	Gentil Babil.	SUZANNE.
O.I.	**8484**	Guillaume Tell.	ROSSINI.
O.I.	**8465**	Hirondelle (l').	DUVERGÈS.
O.I.	**8461**	Lafleurance.	MAYEUR.
O.	**7879**	Loin du Bal.	E. GILLET.
O.I.	**7878**	Manon.	MASSENET.
O.	**8591**	Marche Turque.	MOZART.
I.	**8452**	Méli-Mélo (polka) (avec orchestre).	MÉLÉ.
O.I.	**8462**	Merle Blanc (le).	DAMARÉ.
O.I.S.	**8678**	Merle siffleur (le).	XXX.
O.I.	**8487**	Mignon.	A. THOMAS.
O.	**7247**	Mireille.	GOUNOD.
O.I.	**8477**	Oiseau bleu (l').	XXX.
O.I.	**7103**	Oiseau et les Roses (l').	DAMARÉ.
O.I.	**7099**	Oiseau tapageur (l').	BALLERON.
O.I.	**8471**	Petite Fauvette (la).	DAMARÉ.
O.I.	**8464**	Piccolo-Polka (avec orchestre).	DAMARÉ.
O.I.	**8480**	Pinson et Fauvette.	XXX.
O.I.	**7240**	Pré aux Clercs (le).	HÉROLD.
O.I.	**8593**	Retraite de Crimée.	XXX.
O.I.	**7245**	Roméo et Juliette.	GOUNOD.
O.I.	**8468**	Rondo.	DONJON.
O.I.	**8460**	Rondo-Polka.	BALLERON.
O.I.	**7235**	Rose-Mousse.	A. BOSC.
O.I.	**8472**	Rossignol (le).	ROUX.
O.I.	**8469**	Saltarelle.	DONJON.
O.I.	**7249**	Si j'étais Roi.	ADAM.
O.I.	**7880**	Somnambula (la).	XXX.
O.I.	**8463**	Tourterelle (la).	DAMARÉ.
O.I.	**8486**	Traviata (la).	VERDI.
O.I.S.	**8693**	Tyrolienne.	FONTBONNE.
O.I.	**8483**	Valse de Faust.	GOUNOD.
O.I.	**8473**	Valse du Rossignol (la).	JULIEN.
O.I.S.	**7229**	Volière (la).	A. DOUARD.

Cylindres PATHÉ   Dans les commandes il est indispensable d'indiquer les numéros et la dimension des cylindres.

ORCHESTRE

Soli de Cornet à Pistons
avec accompagnement d'orchestre
*Exécutés par des solistes de l'Opéra, de la Garde Républicaine
et des Concerts Colonne*

Airs d'Opéras

O.I.	8050	Barbier de Séville (le) (Cavatine).	ROSSINI.
O.I.	7195	Berceuse de Jocelyn.	B. GODARD.
O.I.	8052	Dragons de Villars (les).	MAILLART.
O.I.	8053	Ernani (Cavatine).	VERDI.
O.I.	8054	Étoile du Nord (l').	MEYERBEER.
O.I.	8106	Fantaisie pastorale.	SINGELÉ.
O.I.	8059	Favorite (la).	DONIZETTI.
O.I.	8061	Fille de Mme Angot (la).	LECOCQ
O.I.	8056	Fille du Régiment (la).	DONIZETTI.
O.I.	8065	Giroflé-Girofla (chanson mauresque).	LECOCQ.
O.I.	8063	Guillaume Tell.	ROSSINI.
O.I.	8066	Huguenots (les) (Cavatine du Page).	MEYERBEER.
O.I.	8067	Jérusalem.	VERDI.
O.I.	8070	Martha (romance).	FLOTOW.
O.I.	8069	Mascotte (la) (air de Saltarello).	AUDRAN.
O.I.	8071	Mignon (Connais-tu le pays).	A. THOMAS.
O.I.	8073	Noces de Jeannette (les).	V. MASSÉ.
O.I.	8078	Prière de la Muette de Portici.	AUBER.
O.I.	8077	Prière de Moïse.	ROSSINI.
O.I.	8080	Robert le Diable.	MEYERBEER.
O.I.	8079	Roméo et Juliette.	GOUNOD.
O.I.	8081	Si j'étais Roi (romance).	ADAM.
O.I.	8083	Traviata (la).	VERDI.
O.I.	8082	Troüvère (le) (miserere).	VERDI.

Airs divers, Fantaisies, Airs variés

O.I.	8120	Ah ! vous dirai-je maman (air varié).	ARBAN.
O.I.	8103	Air tyrolien.	ARBAN.
O.I.	6776	Bergères Watteau (mazurka).	CORBIN.
O.I.	8105	Carnaval de Venise (le).	ARBAN.
O.I.	8102	Crociato (il)	ARBAN.
O.I.	8089	Deuxième grand solo.	A. LOGER.
O.I.	8114	Divertissement.	H. SENÉE.
O.I.	8098	Étoile du Midi (l') (air varié).	A. S. PETIT.
O.I.	8093	Fête militaire (mazurka variée).	A. S. PETIT.
O.I.	8090	Il pleut, bergère (air varié).	J. REYNAUD.
O.I.	8126	Malborough (air varié).	ARBAN.
O.I.	8104	Muette de Portici (la).	ARBAN.
O.I.	8110	Santiago (valse espagnole).	CORBIN.
O.I.	7934	Triolette (mazurka variée).	A. LOGER.
O.I.	8113	Vague (la) (introduction et valse).	O. MÉTRA.

Soli de Cornet à Pistons (*suite*)   ORCHESTRE

Polkas pour Cornet Solo

O.I.	8118	Aigrette.	F. SALI.
O.I.S.	8151	Après la Guerre.	ROHAULT.
O.I.	8171	Bavarde (la).	SELLENICK.
O.I.	8127	Brigadier Trompette (le).	DAMARÉ.
O.I.	8169	Cécile.	A. BILLAUT.
O.I.	8116	Déesse.	J. REYNAUD.
O.I.	8094	Diamant-Polka.	J. REYNAUD.
O.I.	8162	Écho des Concerts (l').	ZIEGLER.
O.I.	8153	Etoile d'Angleterre (l').	A. LAMOTTE.
O.I.	8128	Étoile du Casino (l').	GUILLE.
I.	8154	Étoile Parisienne (l').	DESTROST.
O.I.	8095	Éva.	A. S. PETIT.
O.I.	8165	Feu Follet (le).	SELLENICK.
O.I.	8150	Georgette.	G. WETTGE.
O.I.	8129	Goutte d'eau (Fantaisie).	A. S. PETIT.
O.I.	8172	Gracieuse.	KOCK.
O.I.S.	8117	Hylda.	J. REYNAUD.
O.I.	8152	Lune de miel.	LIGNER.
O.I.	8155	Madeleine.	A. S. PETIT.
O.I.	8170	Marville.	MEISTER.
O.I.	8156	Messager d'amour.	WITTMANN.
O.I.	8157	Morengotte (la).	SELLENICK.
O.I.	8096	Mousseline.	A. S. PETIT.
O.I.	8097	Myrto.	A. S. PETIT.
O.I.	8159	Odette.	V. SAMBIN.
O.I.	8158	Paye tes Dettes.	PILLEVESTRE.
O.I.	7565	Plaisance-Fronsac.	FARIGOUL.
O.I.	8160	Pluie de Perles.	GOUEYTES.
O.I.	8161	Rigolette.	WITTMANN.
O.I.	8166	Sauterelles (les).	GOUEYTES.
O.I.	8168	Toccata.	H. SENÉE.
O.I.	8167	Trompette.	E. LAUNAY.

Polkas pour deux Cornets

avec accompagnement d'orchestre

*Exécutés par des solistes de la Garde Républicaine, de l'Opéra-Comique
et des Concerts Colonne*

O.I.	8200	Adam et Ève.	J. REYNAUD.
O.I.	8208	Cornette.	PIQUE.
O.I.	8201	Coup double.	V. SAMBIN.
O.I.	8204	Deux Amis (les).	LOZES.
I.	8205	Deux bavards (les).	F. ANDRIEU.
O.I.	8210	Deux Commères (les).	LABIT.

Cylindres PATHÉ Dans les commandes il est indispensable d'indiquer les numéros et la dimension des cylindres.

ORCHESTRE

Polkas pour deux Cornets *(suite)*

O.I.	8207	Deux Lafleurance (les).	MAYEUR.
O.I.	8218	Deux Pinsons (les).	E. LAUNAY.
O.I.	8202	Frères d'armes.	CORBIN.
O.I.	8203	Frétillon.	DESORMES.
O.I.	8220	Jean et Jeannette.	G. ALLIER.
O.I.	8217	Jean qui pleure et Jean qui rit.	LABIT.
O.I.	8213	Marie-Louise.	DECROUEZ.
O.I	8214	Mars et Vénus.	WETTGE.
O.I.S.	8215	Merle et Pinson.	J. REYNAUD.
O.I.	8219	Rossignol et Fauvette.	E. LAUNAY.
O.I.	8211	Tandem.	A. S. PETIT.
O.I.	8212	Triplette (avec flûte).	MAQUET.

Soli de Clarinette
avec accompagnement de piano
Exécutés par des solistes de l'Opéra, de la Garde Républicaine et des Concerts Colonne

O.I.	6775	Bergères Watteau (mazurka).	CORBIN.
O.I.	8312	Caprice-Polka (avec variations).	MAYEUR.
O.I.	8337	Carnaval de Venise (le) (air varié).	JEANJEAN.
O.I.	8332	Concertino.	WEBER.
O.I.	8340	Deauville.	CORBIN.
O.	8341	Éblouissante (l').	BOUSQUET.
I.	7806	Emma-Livry (avec orchestre).	PIROUELLE.
O.I.S.	8313	Emma-Livry.	PIROUELLE.
O.I.	8138	Entr'acte de Philémon et Baucis.	GOUNOD.
O.I.	8334	Fantaisie et Rondo (1re partie).	KLOSÉ.
O.I.	8317	Favorite (la).	DONIZETTI.
O.I.	8307	Femme de Narcisse (la).	VARNEY.
O.I.	8301	Gentil Babil.	SUZANNE.
O.I.	8315	Guillaume Tell.	ROSSINI.
O.I.	8339	Loin du Bal (valse).	E. GILLET.
O.I.S.	8697	Malborough (air varié).	PARADIS.
O.I.	8323	Massilia.	MAKOSKI.
O.I.	8319	Mignon.	A. THOMAS.
O.I.	8322	Mireille.	GOUNOD.
O.I.	8303	Miss Helyett.	AUDRAN.
O.I.	8302	Mousquetaires au Couvent (les).	VARNEY.
O.I.	8318	Muette de Portici (la).	AUBER.
O.I.	8338	Nocturne.	CHOPIN.
O.I.	8320	Petite Mariée (la).	LECOCQ.
O.I.	8306	Piccolo.	XXX.
O.I.	8305	Polka des Cri-Cri.	GRAUD.
O.I.	8351	Polonaise de Mignon.	A. THOMAS.
O.I.	8327	Le Pré aux Clercs.	HÉROLD.

Soli de Clarinette (*suite*)   Orchestre

o.i.	**8309**	Rigoletto.	Verdi.
o.	**8330**	Rigoletto (air de Gilda).	Verdi.
o.i.	**8144**	Rose-Mousse (Valse lente).	A. Bosc.
o.i.	**8344**	Solo (2e).	Klosé.
o.	**8345**	Solo (3e).	Klosé.
o.i.	**8328**	Traviata (la).	Verdi.
o.	**8321**	Trouvère (le).	Verdi.
o.i.	**8122**	Valse de Faust.	Gounod.
o.i.s.	**8347**	Valse du Pardon de Ploërmel	Meyerbeer.

Soli de Hautbois

avec accompagnement d'orchestre

o.i.	**6773**	Bergères Watteau (mazurka).	Corbin.
i.	**7809**	Polka.	Morney.
i.	**7835**	Villageoise (la) (introduction de polka).	Fournolle.
i.	**7836**	Villageoise (la) (polka).	Fournolle.

Soli de Saxophone

avec accompagnement d'orchestre

Exécutés par des Solistes de la Garde Républicaine.

o.i.	**8293**	Adagietto de l'Arlésienne.	G. Bizet.
o.i.	**8267**	Ave Maria.	Gounod.
o.i.	**8287**	Cavatine.	J. Raff.
o.i.	**8285**	Célèbre Largo.	Haendel.
o.i.	**8284**	Chanson du Printemps.	Mendelssohn.
o.i.	**8276**	Chant du soir.	Schumann.
o.i.	**8274**	Cinquantaine (la).	G. Marie.
o.i.	**8289**	Dernier Sommeil de la Vierge (le).	Massenet.
o.i.	**8291**	Entr'acte-gavotte de Mignon.	A. Thomas.
o.i.	**8283**	Erynnies (les) (Invocation).	Massenet.
o.i.	**8261**	Gavotte Stéphanie.	Czibulka.
o.i.	**8269**	Grand solo de concert.	A. Billaut.
o.i.	**8288**	Intermezzo de Cavalleria Rusticana.	Mascagni.
o.i.	**8292**	Loin du Bal.	E. Gillet.
o.i.	**8271**	Nocturne.	L. Billaut.
o.i.	**8266**	Poète et Paysan (solo de l'ouverture).	Von Suppé.
o.i.	**8290**	Prélude de l'Arlésienne.	G. Bizet.
o.i.	**8277**	Rêverie.	Schumann.
o.i.	**8286**	Sérénade.	Schubert.
o.i.	**8282**	Simple aveu.	F. Thomé.
o.i.	**8273**	Val Fleuri (le).	L. Ganne.

Cylindres PATHÉ Dans les commandes il est indispensable d'indiquer les numéros et la dimension des cylindres.

ORCHESTRE

Soli de Violon
avec accompagnement de piano
exécutés par
M. MISCHA-ELMAN

O.I.	8507	Abendlied.	SCHUMANN.
O.I.	8508	Allegro.	BACH.
O.I.	8505	Gavotte.	BACH.
O.I.	8506	Humoresk.	TOR AULIN.
O.I.	8509	Mélodie.	RUBINSTEIN.
O.I.	8502	Moment musical.	SCHUBERT.
O.I.	8503	Sérénade.	A. ARENSKY.
O.I.	8504	Sérénade.	R. DRIGO.
O.I.	8501	Träumerei.	SCHUMANN.
O.I.	8500	Vaggsang.	TOR AULIN.

Soli de Violon
avec accompagnement de piano
exécutés par
Mlle CARMEN FORTE
Premier prix du Conservatoire

O.I.	8685	Amour discret.	RESCH.
O.I.	8575	Ave Maria.	GOUNOD.
O.I.	8684	Ave Maria.	SCHUBERT.
O.I.	8686	Babillage.	E. GILLET.
O.I.	8568	Barbier de Séville (le) (Fantaisie).	ROSSINI.
O.I.	8262	Berceuse de Jocelyn	B. GODARD.
O.I.	8580	Carmen (Fantaisie).	BIZET.
O.I.	8681	Cavatine.	RAFF.
O.I.	8350	Chanson du Printemps.	MENDELSSOHN.
O.I.	8581	Concerto.	RODE.
O.	8582	Concerto.	RODE.
O.I.	8559	Danse macabre.	SAINT-SAËNS.
O.I.	8560	Faust (Fantaisie).	GOUNOD.
O.I.	8556	Gavotte de Mignon.	A. THOMAS.
O.I.	8555	Loin du Bal.	E. GILLET.
O.I.	8571	Martha (Fantaisie).	FLOTOW.
O.I.	8557	Mazurka.	WIENIAWSKI.
O.I.	8578	Méditation de Thaïs.	MASSENET.
O.I.	8577	Menuet.	BOCCHERINI.
O.I.	8587	Mouvement perpétuel.	PAGANINI.
O.I.	8566	Muette de Portici (la) (Fantaisie).	AUBER.
O.I.	8565	Noces de Jeannette (les) (Fantaisie).	V. MASSÉ.
O.I.	8589	Nocturne.	L. BILLAUT.
O.I.	8574	Pré aux Clercs (le) (Fantaisie).	HÉROLD.
O.I.	8562	Prélude du Déluge.	SAINT-SAËNS
O.I.	8584	Paul et Virginie (Fantaisie).	V. MASSÉ.

Soli de Violon *(suite)*   Orchestre

O.I.	**8687**	Rêverie.	Schumann.
O.I.	**8585**	Rêveuse.	DE Bériot.
O.I.	**8586**	Romance.	Vieuxtemps.
O.I.	**8683**	Romance.	Mendelssohn.
O.I.	**8564**	Romance en Fa.	Beethoven.
O.I.	**8349**	Rose-Mousse.	A. Bosc.
O.I.	**8576**	Scène de Ballet.	DE Bériot.
O.I.	**8551**	Sérénade.	Schubert.
O.I.	**8573**	Sérénade Espagnole.	Sarasate.
O.I.	**8550**	Sérénade Hongroise.	V. Joncières.
O.I.	**8263**	Simple Aveu.	F. Thomé.
O.I.	**8548**	Soir d'Orient.	Henri Welsch.
O.I.	**8264**	Tesoro Mio (Valse Italienne).	Beccucci.
O.I.	**8570**	Traviata (la) (Fantaisie).	Verdi.
O.I.	**8561**	Trouvère (le) (Fantaisie).	Verdi.
O.I.	**8554**	Valse de Faust.	Gounod.

Soli de Violon

avec accompagnement de piano

exécutés par

M. ENRICO POLO

Professeur de violon au Conservatoire royal de Milan

O.I.	**84094**	Berceuse de Jocelyn.	Godard.
O.I.	**84100**	Bolero.	Herman.
O.I.	**84099**	Cavatina.	Raff.
O.I.	**84098**	Elegia.	Bazzini.
O.I.	**84093**	Primavera (la).	Mendelssohn.
O.I.	**84101**	Scène de Ballet.	Beriot.

Soli de Violon

avec accompagnement de piano

exécutés par

M. A. MAI

Premier violon du Théâtre de la Scala de Milan

O.I.	**82123**	Amico Fritz (l'). *Violinata.*
O.I.	**80743**	Ape (l'). *Scherzo.*
O.I.	**82122**	Ave Maria (Gounod).
O.I.	**82128**	Ballo Lola. La Seduzione.
O.I.	**80747**	Carmen.
O.I.	**80745**	Carnevale di Venezia. *Variazioni.*
O.I.	**80742**	Cavalleria Rusticana. *Intermezzo.*
O.I.	**82132**	Estudiantina. *Valzer*

Cylindres PATHÉ   Dans les commandes il est indispensable d'indiquer les numéros et la dimension des cylindres.

ORCHESTRE

O.I.	**82129**	Faust. *Valzer*.
O.I.	**82133**	Gloriosa Bandiera (la). *Marcia*.
O.I.	**82124**	Lucrezia Borgia. *Fantasia*.
O.I.	**80746**	Mignon. *Fantasia*.
O.I.	**82125**	Rigoletto. *Fantasia*.
O.I.	**82131**	Tesoro mio. *Valzer*.
O.I.	**82130**	Traviata (la). *Valzer*.
O.I.	**82126**	Traviata (la). *Fantasia*.
O.I.	**82127**	Trovatore (il).

Soli de Xylophone

avec accompagnement d'orchestre

O.I.	**8932**	Amourette (polka).
O.I.S.	**8921**	At Georgia Camp meeting (Cake-Walk).
O.I.	**8915**	Au Transvaal.
O.I.	**8911**	Carnaval de Venise (le).
O.I.	**8912**	Cigognes (les).
O.I.	**8918**	Clair de la Lune (le) (Thème et Variations).
O.I.	**8925**	Evening's bell.
O.I.	**8929**	Extinction des feux (l').
O.I.	**8923**	For you.
O.I.	**8924**	High school cadets (marche).
O.I.	**8920**	Home sweet home.
O.I.	**8931**	Lisette.
O.I.	**8926**	Loulette (mazurka).
O.I.	**8928**	Maldonne.
O.I.	**8916**	Margot-Polka.
O.I.	**8922**	Mes Adieux au 63e.
O.I.S.	**8913**	Pic-vert (le).
O.I.	**8927**	Pot-pourri.
O.I.	**8930**	Ré, do, ré, mi, ré.
O.I.	**8917**	Rondo.
O.I.	**8914**	Xylo-Polka.
O.I.	**80844**	Gazza ladra (la) *(Sinfonia)*.

Soli de Mandoline   ORCHESTRE
avec accompagnement de piano

o.l.	80106	Amor *(Marcia)*.
o.l.	80105	Amor passeggero (l') *(Polka)*.
o.l.	80179	Amor segreto *(Gavotte)*.
o.l.	82101	Ave Maria (GOUNOD).
o.l.	82119	Carnevale di Venezia *(Variazioni)*.
o.l.	80180	Cavalleria Rusticana *(Intermezzo)*.
o.l.	80187	Cavalleria Rusticana *(Siciliana)*.
o.l.	82116	Changez la Dame *(Polka)*.
o.l.	80735	Chiodo *(Sherzo)*.
o.l.	82120	Dopo il tramonto *(Valzer)*.
o.l.	80175	Espoir *(Valzer)*.
o.l.	80133	Fiori di autunno *(Mazurka)*.
o.l.	80737	Gambrinus *(Marcia)*.
o.l.	82100	Histoire d'un Pierrot.
o.l.	82102	Leggenda Valacca.
o.l.	80740	Lilirili, li, là.
o.l.	82104	Loin du bal *(Valse)*.
o.l.	82098	Mandoline (la).
o.l.	82096	Mignon *(Fantasia)*.
o.l.	82097	Mignon *(Gavotte)*
o l.	80210	Norma *(Casta diva)*.
o.l.	82115	Otello *(Marcia)*.
o.l.	82113	Père la Victoire (le).
o.l.	82114	Rabadan *(Polka)*.
o.l.	82112	Reggimento che passa (il) *(Marcia)*.
o.l.	80278	Scintille elettriche *(Mazurka)*
o.l.	80275	Serenade d'autrefois.
o.l.	82103	Serenata (SCHUBERT).
o.l.	80114	Serenata (di S. Fiorenso).
o.l.	80176	Screnata lombarda.
o.l.	82118	Tarantella (ALFIERI).
o.l.	80738	Una notte a Venezia.
o.l.	80736	Una sera a Firenze.
o.l.	80135	Vaga visione *(Valzer)*.
o.l.	80279	Vous dansez très bien *(Polka)*.

Soli d'Accordéon
exécutés par
M. CHARLIER
Accordéoniste liégeois

o.l.	9604	Marche des Lutteurs.
o.l.	9601	Orfelia *(Valse)*.
o.l.	9603	Original *(Mazurka)*.
o.l.	9600	Retour de Seraing *(Marche)*.
o.l.	9602	Zizi *(Polka)*.

Cylindres PATHÉ Dans les commandes il est indispensable d'indiquer les numéros et la dimension des cylindres.

TROMPES DE CHASSE

SOLI

O.I.S.   **8700**   Le Réveil. — La Marche de la Vénerie. — L'Arrivée au Rendez-vous. — Le Volce-l'Est. — Le Daguet.

O.I.   **8701**   Le Débuché. — La Vue. — Les Calèches des Dames. — La Quatrième tête. — Le Louvard. — Le Sanglier.

O.I.   **8702**   Le Loup. — La Plaine. — Le Changement de forêt. — **La** Retraite prise. — La Retraite manquée.

O.I.   **8703**   Le Chevreuil. — Le Bat l'eau. — La Sortie de l'eau. — L'Hallali sur pied. — L'Hallali par terre.

O.I.   **8704**   La Royale. — Les Honneurs du pied. — Le Retour de chasse. — La Rentrée des Princes au Château. — Le Bonsoir des Chasseurs.

O.I.   **8705**   Le Dix-Cors jeunement. — Les Animaux en compagnie. — Le Change. — Le Lancé et le Bienallé.

O.I.   **8706**   La troisième Tête. — Le Hourvari. — La Saint-Hubert. — La Curée. — La Rentrée au Chenil.

O.I.   **8707**   Le Lièvre. — Le Renard. — Le Blaireau. — La Quatrième tête Bourbon. — La Retraite de la grâce. — Le Bonsoir.

O.I.   **8708**   Le Terré du Renard. — Le Lapin. — La Culbute en forêt.

DUOS

O.I.   **8720**   La Duchesse de Chevreuse. — Souvenir de Mme la Marquise de Champigny. — La Pont-Chartrain.

O.I.   **8721**   La Dauvet. — La de Cadusch. — La Lur-Saluces.

O.I.   **8722**   La Mortemart. — Rallyes Bonnelles. — La d'Uzès.

O.I.   **8723**   La Wagram. — La Saint-Georges. — La d'Onsembray.

O.I.   **8724**   La François-Joubaire. — Les Joyeux-Veneurs. — La Marguerite.

O.I.   **8725**   La Lastic. — La d'Elva. — La Servant.

O.I.   **8726**   La Montsaulnin. — Le Vieux Chef. — Rallye-Chitré.

O.I.   **8727**   Soutiens-Vendée. — Rallye-Vendée. — Rallye Vieil-Anjou.

TRIOS

O.I.   **8750**   La Delanos. — Rallye-Ardennes. — La de Laporte.

O.I.   **8751**   La Vernon. — Le Départ des Martins. — La Dupuytrem.

O.I.   **8752**   La Moulière. — La Lestrange. — La d'Autichamp.

O.I.   **8753**   La Lavessière. — La Madeleine. — La Bardin.

O.I.   **8754**   La Grally. — Rallye-Beaurecuel. — La Fontaine.

O.I.   **8755**   La Becdelièvre. — La Cornu. — Les Pleurs du Cerf.

O.I.   **8756**   Le Point du Jour. — La Mollard. — La Lebret.

Cylindres PATHÉ   Les lettres O. I. S., placées devant chaque numéro, indiquent que le cylindre existe en dimension « O » ordinaire, « I » inter, « S » stentor.

QUATUORS

O.I.S.	**8757**	Introduction de la Messe de Saint-Hubert.
I.	**8762**	Fanfare du comte de Chambord. — de M. le Prince de Wagram. — de M. le Marquis de Lur-Saluces.
I.	**8763**	Fanfare de Mme la Duchesse d'Orléans. — de M. le Duc d'Orléans. — Fanfare Impériale.
I.	**8764**	Fanfare de Mme la Duchesse d'Uzès. — Les Plaisirs de la Chasse. — La Rentrée des Princes au Château.
I.	**8765**	Fanfare de Mme la Duchesse de Chartres. — de M. le Marquis de Pommereux. — Fanfares d'Équipage.
I.	**8766**	Marche des Cerfs.
I.	**8767**	Coquelicot.
I.	**8773**	Polka des Chasseurs.
I.	**8777**	Robin des Bois.
I.	**8779**	La Biche au Bois.
O.I.	**8780**	Les Souvenirs de Lavigne.
O.I.	**8781**	Souvenirs de Fleurines. — Le Vallon.
O.I.	**8782**	Réveil de Lorraine.
O.I.	**8783**	Le Sportman.
O.I.S.	**8784**	La Chabrillant (fantaisie avec carillon).
O.I.	**8785**	Souvenirs de la Celles-les-Bordes. — La Loge-Raboué.
O.I.	**8786**	Rallye Lorraine (pas redoublé).
O.I.	**8788**	Le Menuet de la Reine (avec carillon).
O.I.	**8789**	La Guillaume Tell.
O.I.	**8790**	La Daubeuf. — La de Lassalle.
O.I.	**8791**	En avant.
O.I.	**8792**	Le Grand Retour de Chasse.
O.I.	**8793**	La Grande Fanfare.
O.I.	**8794**	Souvenirs de Rouen.
O.I.	**8795**	La Passevant. — La Roger-Laurent.
O.I.	**8796**	La Noisy. — La Cambis.
O.I.	**8797**	La Boscary. — La Duchesse de Bourbon.
O.I.	**8798**	Les Veneurs de France. — Les Honneurs.
O.I.	**8799**	Le Pont de Chatou. — Les Filles du Village.

CHASSES FRANÇAISES

I.	**8769**	La Vue. — Le Lancé. — La Plaine. — Le Changement de Forêt.
I.	**8770**	L'Hallali. — Les Animaux en compagnie. — La Curée.
I.	**8771**	Le Cerf. — 1re Tête. — 2e Tête. — 3e Tête. — Dix-Cors.
I.	**8772**	Adieux des Maîtres. — Adieux des Piqueurs. — Bonsoir des Chasseurs.
I.	**8774**	Le Sanglier. — Le Chevreuil. — Le Daim. — Le Louvart.
I.	**8775**	Le Loup. — Le Renard. — Le Blaireau. — La Biche.
I.	**8776**	Le Réveil. — La Sortie du Chenil. — Le Départ en fanfare.

Cylindres PATHÉ Dans les commandes il est indispensable d'indiquer les numéros et la dimension des cylindres.

TROMPETTES

(Sonneries de Cavalerie)

Fanfares

o.i.s.	**8800**	Le Réveil. — A l'Étendard. — Michel Strogoff.	
o.i.	**8801**	Marche des Radjahs. — Skobeleff. — La Retraite.	
o.i.	**8817**	Salut à l'étendard (marche).	CAUSY.
o.i.	**8818**	Sonnez Trompettes (pas redoublé).	CAUSY.
o.i.	**8819**	Simplette (valse).	CAUSY.
o.i.	**8820**	Fleur de Printemps (mazurka).	CAUSY.
o.i.	**8821**	Aux Pyrénées (boléro).	CAUSY.
o.i.	**8822**	Rapide (galop).	CAUSY.

Sonneries d'ordonnance

o.i. **8802** Le Réveil. — Le Repas des Chevaux. — L'Appel. — Le Pansage. — Le Bouteselle. — A Cheval. — Quatre Appels consécutifs. — L'Instruction. — A l'Ordre. — Aux Officiers.

o.i. **8803** Aux Maréchaux-des-Logis-Chefs. — Aux Fourriers. — Aux Maréchaux des-Logis de semaine. — Aux Brigadiers de semaine. — Aux malades. — La Soupe. — Les Corvées. — La Distribution. — Le Rassemblement de la Garde. — L'Appel des Consignés. — Aux Trompettes. — La Retraite.

o.i. **8804** L'Extinction des feux. — La Générale. — A l'Étendard. — L'Ouverture du ban. — La Fermeture du ban. — Garde à vous. — Pied-à-terre. — Sabre à la main. — Remettez le Sabre.

o.i. **8805** La Marche. — La Charge. — Exécution. — Dans chaque Escadron. — Dans chaque Régiment. — En Avant. — Halte. — Demi-Tour. — En Retraite. — A Droite. — A Gauche. — En Lignes de colonnes. — En Bataille. — Le Ralliement. — Le Rassemblement. — La Charge en fourrageurs. — Au Pas. — Au Trot. — Au Galop. — Le Demi-Appel.

Marches

o.i.	**8850**	1re marche (au pas).
o.i.	**8851**	2e marche (au pas).
o.i.	**8852**	3e et 4e marches (au trot).
o.i.	**8853**	5e et 6e marches (au galop).

CLAIRONS

Sonneries d'ordonnance

O.I.   **8860** La Générale. — L'Assemblée. — Le Rappel. — Au Drapeau. — Aux Champs. — Le Pas accéléré. — Le Pas gymnastique.

O.I.S.   **8861** Le Pas de charge. — Le Réveil. — La Retraite. — Le Ban. — Le Rappel aux tambours et clairons. — L'Appel. — A l'Ordre. — Aux Adjudants. — Aux Sergents-Majors. — Aux Sergents. — Aux Fourriers. — Aux Caporaux.

O.I.   **8862** La Soupe. — Le Garde-à-vous. — Baïonnette au canon. — Remettez la Baïonnette. — Extinction des feux. — La Diane. — Le Rigodon. — La Corvée de quartier. — La Corvée de l'ordinaire. — Aux Malades. — Aux Fourriers distribution.

O.I.   **8863** Le Cours préparatoire. — Aux Hommes punis. — Au Piquet. — Le Pas de course. — Le Refrain des bataillons. — Le Refrain des Compagnies. — La Berloque. — Le Rappel de pied ferme.

Marches Réglementaires

O.I.S. **8900** Nos 1, 2, 3, 4. | O.I.   **8901** Nos 5, 6, 7, 8.
O.I. **8902** Nos 9, 10. — Aux Champs en marchant.

Marches pour clairon seul

O.I. **8903** Nos 1, 2, 3, 4. | O.I.   **8904** Nos 5, 6, 7. 8.
O.I.S. **8905** Nos 9, 10. — Aux Champs en marchant.

Marches de retraite avec tambours

O.I. **8906** Nos 1, 2. | O.I. **8907** Nos 3, 4. | O.I. **8908** Nos 5, 6.
O.I. **8909** Nos 7, 8. | O.I. **8910** Nos 9, 10.

CYLINDRES
Flamands et Wallons

RÉPERTOIRE **AMBREVILLE**

Chansonnettes

o.i.	**9364**	Aïe ! Mme Pinaud.
o.i.	**9358**	Anatomie (l').
o.i.	**9356**	Bouquet trop tard.
o.i.	**9362**	Distribution de prix à Bruxelles.
o.i.	**9350**	Impressions d'un facteur sur Barnum.
o.i.	**9352**	J'ai quelque chose qui plaît.
o.i.	**9359**	Manifestant du 7 Septembre (le).
o.i.	**9351**	Noce Marolienne (la).
o.i.	**9355**	Première communion à Bruxelles.
o.i.	**9353**	Ratafia.
o.i.	**9363**	Roi de Grèce et le roi Léopold (le).

Monologues

o.i.	**9360**	C'est pas beaucoup, mais ça me suffit.
o.i.	**9361**	Guide de Waterloo (le).
o.i.	**9354**	Histoire de Napoléon.
o.i.	**9357**	Situation intéressante.

RÉPERTOIRE **DE BOODT**

o.i.	**9140**	Cocher Bruxellois (le).	DE BOODT.
o.i.	**9130**	Pot-pourri vieux Bruxelles	DE BOODT.
o.i.	**9128**	Une conversation sur la nouvelle loi.	DE BOODT.

RÉPERTOIRE **DELCROIX**

o.i.	**9480**	Aime-moi (avec orchestre).	H. BEMBERG.
o.i.	**9479**	Ame des Fleurs (l') (avec orchestre).	MASSENET.
o.i.	**9470**	Beau Rêve (le).	A. FLÉGIER.

O.I.	9473	Chanson des Gars d'Irlande (la) (avec orchestre).	
O.I.	9472	Cloches du Soir (les).	A. HOLMÈS.
O.I.	9478	Hymne du Laboureur (avec orchestre).	HENRY WEYTS.
O.I.	9471	Printemps de Bretagne.	DE MERLIER.
O.I.	9477	Sérénade.	E. DURAND.
O.I.	9475	Sérénade à Don Juan (avec orchestre).	GOUNOD.
O.I.	9474	Sérénade à Ninon (avec orchestre).	P. TSCHAÏKOWSKY.
O.I.	9476	Stances à Manon.	P. LACÔME.
			P. DELMET.

RÉPERTOIRE **DEMOULIN**

chanté par lui-même

O.I.	9220	Déesses (les).
O.I.	9207	En ribotte.
O.I.	9223	Grosse canaille (la) (Monologue).
O.I.	9221	Petite crolle d'Anatole (la).
O.I.	9215	Rendez-vous de Marie (le).
O.I.	9214	Tout simplement (Parodie).
O.I.	9222	Viles amours.

RÉPERTOIRE **J. WILLEKENS**

ET

MADAME **LÉONNE**

O.I.	9198	Agent et Colporteuse (dialogue comique).	
O.I.	9172	Aristocratie et Démocratie.	DEBAETS.
O.I.	9225	Bourgmestre à l'Ecole de Steenokerzele (avec orchestre).	
O.I.	9093	Chez le Dentiste.	Mme LÉONNE.
O.I.	9232	Deux Bruxellois au Métropolitain de Paris (avec orchestre).	WILLEKENS.
O.I.	9181	Devant le Juge (dialogue comique).	Mme LÉONNE.
O.I.	9234	En route pour le Congo (scène humoristique dialoguée avec orchestre).	
O.I.	9182	Fêtes Nationales.	Mme LÉONNE.
O.I.	9239	Marché aux Poissons (dialogue comique).	
O.I.	9162	Reine des Halles (la).	Mme LÉONNE.
O.I.	9094	Tapage Nocturne.	WILLEKENS.
O.I.	9059	Tramway Bruxellois.	

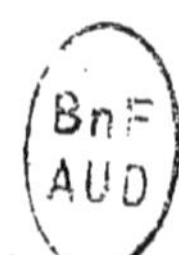

Cylindres PATHÉ Dans les commandes il est indispensable d'indiquer les numéros et la dimension des cylindres.

TABLE DES MATIÈRES

CHANT

Opéras, Opéras-Comiques, Opérettes

Duos, Trios, Quatuors et Chœurs

Mélodies, Romances, Chant National Français, Chants divers
Morceaux Religieux

Répertoires divers

Tyroliennes

Morceaux Religieux, Cantique

DÉCLAMATIONS

ORCHESTRE

Morceaux de Genre

Valses

Polkas

Mazurkas

Scottishs

Quadrilles

Pas de Quatre et Galops

Marches Militaires et Pas Redoublés

Marches, Danses et Mélodies étrangères

Soli d'instruments divers

Trompes de Chasse

Trompettes

Clairons

Répertoire Flamand et Wallon

Imp. Alb. Manier, 139, boulevard de la Villette, Paris

ALb MANIER PARIS

9 782019 936068